U0527970

青年的回响

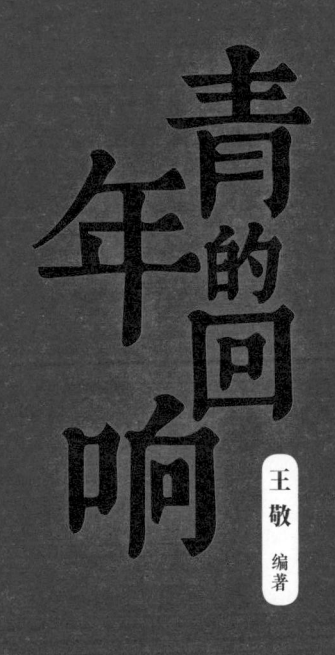

王敬 编著

二十二位
留学生的责任担当

人民东方出版传媒
东方出版社

我曾真切目睹

每一个中国学子

都在热烈成长

———— ✴ ————

谨以此书
献给奋进中的中国青年

编委会

编著：王　敬
策划：郭启龙
编辑：赵丹青　周　聪

致谢

本书编著过程中，所涉及的学员数量与时间跨度颇大，朋友们提供了十分重要的帮助。感谢他们的支持与鼓励，让本书顺利完稿并出版。

郭立伟　乔美华　柳小伟
张晓红　赵鸽迪　程　果
（以上排名不分先后）

推荐序

启于时代　共建未来

党的二十大报告中明确指出："教育、科技、人才是全面建设社会主义现代化国家的基础性、战略性支撑。"一方面，我国的教育全面提高人才自主培养质量，着力造就拔尖创新人才；另一方面，越来越多的中国家庭开始享受全球优质教育资源，让孩子进入世界优秀高等院校，学习前沿领域的知识与技术，争取在未来社会发展中掌握核心竞争力。

适逢好友王敬的新书《青年的回响——二十二位留学生的责任担当》付梓之际，邀请我作推荐序一篇。曾供职于中国（教育部）留学服务中心的他，深耕国际教育二十余年，致力于为"提升中国学子全球胜任力，助力中国未来发展"服务。

一件事，一干就是半辈子，还将一直持续下去。虽然每次朋友相见，他几乎不说自己取得的成绩，但我还是被他"为学生争取全球优质教育资源"的持之以恒的精神感染，不知不觉地持续关注着。

这是一本以学员为根本，记述千禧年至今不同年份留学生在留学前、留学中、留学后的发展状况，间接反映我国留学事业变迁的书。记录过去，方能更好地走向未来。书中二十二位学子，奔赴千万里之外，在各自的专业领域如饥似渴地学习。随后，相继在各自的专业领域绽放光芒，用专业所学推动领域研究、行业及社会发展。

十年树木，百年树人。在新的历史时期，作为国家人才战略的重要部分，以及我国培养国际化高质量人才的重要渠道，我国的留学事业应顺应不断变化的时局，让广大学子享受世界优质教育资源，学有所成后，投身祖国高质量发展的建设中。同时，也应加强"一带一路"区域教育合作，互相学习。在如今人才竞争已成为综合国力竞争的核心时代，优化国际化人才战略思路，方能赢得国际竞争优势。

感谢好友王敬的邀请与信任，读学员们之经历，感觉重返了学生时代，并汲取了新的力量。相信这本书能够帮助读者了解二十余年一代人的留学发展及变迁，为即将进入或已身处国际教育赛道的学子与家长，提供思路、指引方向。

潘庆中

2024 年 6 月

自 序

当我们回首过去，每一个重要的时刻都如同璀璨星辰，照亮我们前行的道路。自 2002 年以来，国际教育行业在全球化的融合与时代变迁中经历了波澜壮阔的二十二年，这不仅是时间的流转，更是无数中国青年梦想的汇聚。

作为学习先进知识、培养国际化视野、理解国际规则的主要方式，留学是我国培养国际化高质量人才的重要渠道。二十二年来，中国各类留学人员数量屡创新高，留学目的地的选择愈加多元。近些年，随着大数据、人工智能等技术的应用，在线教育、远程学习等新型教育模式兴起，为学生提供了更加便捷、高效的学习方式，以及更加广阔的时空场域选择。中国的留学事业，迈入新阶段。

2002 年，我加入中国（教育部）留学服务中心，成为助力中国学子前往海外深造的服务者，逐步形成"助力中国学子走向世界，获取全世界优质教育资源"的服务理念。

2014年，从北京大学国家发展研究院毕业后，我和我的伙伴们发现时代发展对优秀国际化人才的需求愈加迫切，凭着对国际教育的一腔热爱与深厚情怀，毅然创办了"美世教育"。我们深知，留学不仅是获得知识、习得技能、见得世界，更是培养全球胜任力、面向未来发展的重要途径。因此，我们为自己定下了明确的教育使命——"提升中国学子全球胜任力，助力中国未来发展"。怀揣着这份使命，在创业探索的道路上，我们不断洞察中国学子的留学需求，帮助他们走向更广阔的世界。

二十二年的从业历程，让我非常直观地感受到国家对出国留学的积极鼓励，对孩子国际视野的培养、个人竞争力的提升、个体发展与时代需求的长远考量。随着全球化趋势的持续演进，国际教育已然成为一种重要的教育方式，帮助中国学子了解多元文化、学习国际先进知识与经验、提升全球胜任力。

在国际化的教育环境中，孩子可以接触到不同的思维方式、文化背景和学术观点，有助于培养他们的创新性思维和批判性思维。同时，通过参与国际交流、合作和竞赛等活动，还可以锻炼他们的领导力、团队协作能力和解决问题的能力，为未来发展打下坚实基础。

更为重要的是，国际教育需要学生建立强大的自我认同与文化自信。在多元文化背景的影响与国际教育的熏陶下，学生们会更加珍视自己的民族身份和文化传统，在对比中发现差异，在差异中观照自身，基于民族身份，拓展全球视野。

在这份深深热爱着的教育事业里，二十二年一晃而过。我亲眼见证了自己服务的孩子在各自擅长的领域内不断自我蜕变，他们中有人敏锐洞悉时代大势，结合社会发展的需求去开创自己的事业；有人沉浸于学术研究，持续探索前沿科技；有人投身专业领域，在工作中砥砺前行，不断精进……

透过这些故事，我们从鲜活的个体经历中窥见国际教育行业二十二年的变革与创新，从最初的摸索与尝试，到如今的成熟与繁荣。而我有幸成为这个行业的见证者与共建者。

匆匆二十二年，步履未停。我们决定寻找与回访从业以来服务过的家庭与孩子，用二十二位学员的留学及发展故事，记录下千禧年后，时代变迁下中国学子的家庭抉择和成长历程，留学给他们带来的影响与改变，以及如今在教育、工业、制造、金融、文化等领域，他们是如何用所学为祖国的发展添砖加瓦，在自我蜕变中实现自我价值的。

二十二年，于我而言，是从青涩到成熟的生命蜕变，是一首充满挑战与机遇、创新与突破的青春之歌。愿书中学子走过的路，能成为连接过去、现在与未来的桥梁，让更多的人看到中国青年的耀眼光芒，也让更多的人看到国际教育行业的无限可能与美好未来。

2024 年 6 月

目 录

第一篇章
2003—2007 年

青年人的选择，不仅仅是个体的自由意志，还是时代为我们成就的人生。

2003　Amigo
用好奇心拥抱世界 001
墨尔本大学

2004　刘启（化名）
建设祖国，从学好机械工程出发 013
丹麦科技大学

2005　暖阳（化名）
走文化自信的路 024
蒂芬大学＆圣芭芭拉城市学院

2006　李赫（化名）
留学，人生向前的关键一步 034
格里菲斯大学

2007　兰星宇（化名）
世界那么大，我想去看看 044
麦考瑞大学

第二篇章 2008—2013年

当世界的目光聚焦中国，当中国成为世界第二大经济体与全球制造第一大国，中国学子的心，从未如此蓬勃、自信、激昂与自豪，更多的人选择出国留学深造。

2008 臧樯
自我驱动下的留学之路))) 055
亚利桑那州立大学

2009 李林
自己去寻找答案))) 065
纽约州立大学布法罗分校

2010 常小常（化名）
用热爱拥抱戏剧梦想 凡心所向，素履以往))) 076
波士顿大学

2011 张鸣
跟随时代前行))) 087
纽约州立大学布法罗分校 & 伦敦大学学院

2012 魏唯（化名）
多国留学后，用语言共建中外交流媒介，讲好中国故事))) 098
米兰大学 & 约克大学

2013 Vincent
跟着时代的春风走))) 111
哥伦比亚大学

第三篇章 2014—2019 年

越来越多的中国学子,选择教育资源更佳的世界级大学;越来越多的留学人员,选择了学成、历练、归国的道路。

2014　杜文研
Stay hungry, stay foolish　123
加州大学戴维斯分校

2015　楚楚（化名）
看过世界的人,想回家　133
加州大学圣地亚哥分校

2016　郑思雨
见世界的每一面　144
克拉克大学

2017　贺观
从英语专业到数据工程
所望之事,行则将至　155
芝加哥大学

2018　宗泽宏
在哈佛大学探索数学王国　167
哈佛大学

2019　Irene
从数学到金融,探索人生的多元可能　179
伦敦大学学院 & 帝国理工学院

第四篇章
2020—2024 年

助力中国未来发展，少年强，则国强。

2020　夏正（化名）
从宾大回归清华，致力于建设未来中国投资并购市场))) 191
宾夕法尼亚大学

2021　钟意（化名）
深耕社会心理学，用热爱与关怀拥抱内心宇宙))) 204
莱斯大学

2022　马逸豪
深耕生物领域，献身医学发展))) 214
加州大学伯克利分校

2023　贺嘉乐
出发！用热爱与创造影响世界))) 225
麻省理工学院

2024　康修仪（化名）
心之所向，行之所往))) 236
牛津大学

附录)))
中国留学行业政策演变　249
中国留学事业发展变迁　253
国际教育相关名词注释　258

第一篇章

2003-2007年

青年人的选择,
不仅仅是个体的自由意志,
还是时代为我们成就的人生。

Amigo

用好奇心
拥抱世界

墨尔本大学

人生失败一次,没关系。
我庆幸自己还有别的选择,
新的选择会有同样的精彩。

2003

受国际政治局势动荡影响，美国签证的拒签率显著上升，并且这一举措常常与美国国家安全考量挂钩，对中国学生赴美留学产生阻碍。因而这一时期，非美留学——包括但不限于英国、澳大利亚等地，成为中国学子的主要选择。

中学阶段赴澳大利亚留学的 Amigo，就读于墨尔本百年老校图拉克学院（女校），在此接受语言与文化熏陶，

﹡ 墨尔本大学校园风光

学习各学科新知识。她在学校长达一年的排球竞赛中，将挑战自我、超越自我的女排精神内化；通过为期七天的医院实习，确定大学学习方向；通过自身努力与专业老师的协助，最终被墨尔本大学生命科学专业录取。从中国到澳大利亚，从图拉克学院到墨尔本大学，Amigo用好奇心拥抱世界，一步一个脚印，收获了属于自己的别样人生。

在图拉克学院茁壮成长的日子

当 Amigo 在国际长途电话中向家人分享自己加入排球队的事情时,电话那头的父母吃惊不已。这一年,就读于图拉克学院的 Amigo,在物理老师兼排球教练的带领下,号召身边来自不同国家及地区的对排球运动充满兴趣的同学,组建了一支前所未有的排球队伍。

面对这支仅有兴趣与热情的纯新队伍,教练在了解了队员的课业与作息时间后,规划出适合的训练时间,从最基础的动作开始教。刻苦训练的 Amigo 与队友对首场比赛跃跃欲试。没承想,被九年级的排球队打了个落花流水。吸取经验后,七人在教练的带领下,不断强化团队配合与技术训练。在接下来的比赛中,她们不仅大败九年级排球队,一雪前耻,还逐级向上挑战,最后打遍十二年级无敌手。

回忆起青葱岁月共同奋战的队友,Amigo 露出怀念的笑容,"我从小就佩服中国女排,没想到自己竟然有机会加入排球队。不仅队伍的比赛成绩节节攀升,还与六位并肩作战的队友培养出了深厚情谊"。

在图拉克学院的女子排球队中,经过刻苦训练与不断挑战成长起来的 Amigo,在一段独特的实习中,明确了未来的方向。

彼时，申请季即将来临，图拉克学院希望采用身临其境的方法为学生选专业提供指导。可几乎没有工作经验的学生如何判断自己想做什么，能力范围与兴趣契合程度，大学专业选择与未来职业发展的匹配度呢？"实践是检验真理的唯一标准"，在做人生重大抉择时同样适用。

在"职业发展"这门课上，教师会为每一位学生做性格与能力测验，结合学生意愿，联系校外相应机构提供实习岗位，让学生在实习中连接梦想工作与职业现实，亲自体验这份工作是否适合自己。"最棒的是，学校不会限制我们的想象。"同学们有的选银行，有的选超市，有的选服装设计公司。未来想当护士的 Amigo 决定去医院。没想到，学校竟真的为她安排了一家医院实习。

清晨六点，Amigo 从学校出发。来到医院后，首先面临"我该找谁"的窘境，好不容易才找到负责与她对接的工作人员。对方简要介绍道："你在医院的七天实习，对应七个不同科室。每天会有一个科室的护士带你，今天先从老年医学科开始。"然后将 Amigo 交接给身侧一位身着浅蓝色制服、笑容和蔼的护士姐姐。

忆起实习初期的手忙脚乱，Amigo 笑意不减，将那段"当时只道是寻常"、后续影响深远的经历娓娓道来。

"这个科室的病人基本丧失行动能力,有的甚至失去意识,我的工作是给他们喂饭,推他们到对应科室做检查。外国人一天吃六顿饭,基本收了这顿拿下顿。第一天下午,我被安排推一位老人去做检查。由于不认识各个科室门牌上的专业医学名词,导致推错地方。看完我检查单的护士告诉我来错了科室,然后又亲自带我过去……

"在急诊科的实习则比较考验人,我被安排去手术室外接刚刚遭遇车祸、正在接受治疗的患者。医生完成手术后,我和当天带我的护士将病人推进病房。护士姐姐会指导我检测仪器怎么用,多长时间测一次,需要重点关注病人的哪些体征表现,怎么看数据、问询、记录。

"在肿瘤科实习的经历,彻底颠覆了我对癌症患者的固有印象。大家戴着假发,开开心心来做化疗。

"第七天在产科实习。带我的护士说:'最后一天实习,我们给你安排了最有意义的工作。你会见证一个新生儿的诞生,产妇也同意你去看她的宝宝出生。'那一天,我的工作是给即将出生的新生儿铺床,见证分娩过程,给小宝宝洗澡,照顾小宝宝和产妇。"

十八岁的 Amigo,怀着一颗渴望进入医疗领域、从事相关工作的热烈的心,在为期七天的医院实习中,亲身体验了医护人员的辛劳,见证了生命的不同阶段与状态，这让她更加坚定未来选择生物医学相关专业的决心。

为了能够更顺利地被心仪专业录取，Amigo 再次联系上为她申请图拉克学院的王老师——一位对澳大利亚中学与高校招生信息、录取流程与规则了然于心的专业老师，邀请对方协助她完成更高质量的申请准备工作。在自身的不懈努力以及王老师、图拉克学院申请老师的共同辅助下，Amigo 顺利取得墨尔本大学、新南威尔士大学等多所澳大利亚高校的录取名额。

千禧年后的留学，无论是学生还是家长，尚未形成一定要读海外名校的观念。

相比于澳大利亚其他城市，Amigo 对墨尔本市更加熟悉。希望未来三年与朋友共度的她，最终选择了墨尔本大学生命科学专业，开启人生新阶段。

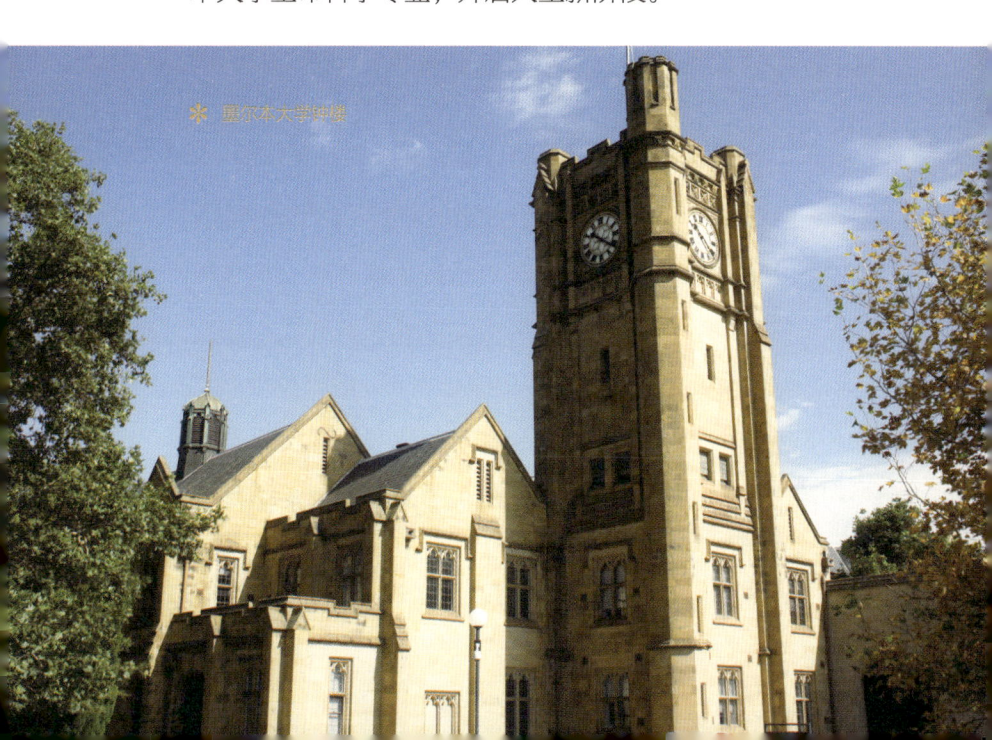

✷ 墨尔本大学钟楼

留学生的必经之路

　　Amigo 的大学专业"Life Sciences",偶尔被朋友们戏称为"生活百科"。在夯实基础的大一阶段,Amigo 不仅收到厚达三千页的生物学课本,并且要重新系统学习生物、化学、物理三门课程,还需在繁重的课业压力下,保质保量完成各门课程对应的数十个实验。

　　做实验是一件十分耗费时间与精力的工作,需要反复验证,Amigo 却甘之如饴。在实验过程中,Amigo 观察过蜗牛吃饭,解剖过白鼠、白蚁、蚯蚓,提取过自己的 DNA……不同学科的实验让 Amigo 转换视角,进一步探索自然奥秘。

　　沉浸在实验快乐中的她还不知道,一场暴风雨即将来临……

　　"这是你人生中的一部分!Amigo,只有坚持下去,你才能迈过这道坎儿。"父亲的声音从话筒里传出,"我和你妈妈可以为你的决定承担后果,这一次失败了,咱们换,再失败了,再换。但这样,问题不仅没有解决,反而会越滚越大,最终走向不可收拾的地步。Amigo,为什么不像你在图拉克学院排球队时一样,在第一次失败时,就从跌倒的地方爬起来,勇敢地去挑战它，战胜它！"

电话亭外的风雨依然猛烈，因生物考试失利而情绪崩溃的 Amigo，在父亲的鼓励与母亲的安慰下，重新振作起来。此后，无论是面对难到离谱的学习内容，还是在全系药剂学专业第二轮筛选中失利，将主修专业更换为"生物化学"，这份积极向上的心态始终影响着 Amigo。

"得知落选结果的那一刻，我没有太过沮丧，毕竟自己竭尽全力争取过。不能继续学习药剂学，没关系；人生失败一次，也没关系。**我庆幸自己还有别的选择，新的选择会有同样的精彩。**"

好好学习之余，做兼职是一件大部分留学生都会经历的既心酸又快乐的事情。Amigo 分享道："在一家经营火锅的中餐馆里，我洗过这辈子最多的碗。一位在英国读研的朋友，他兼职的地方洗碗需要坐着弯腰洗，我比他好一点，我站着洗。兼职时心里就一个感受：'没想到工作这么辛苦，爸爸妈妈真的很不容易。'"

从墨尔本大学生物化学专业毕业后，Amigo 进入迪肯大学继续学习。2011 年，Amigo 结束迪肯大学硕士阶段的学习，在强烈的思乡情绪与家人的召唤下回国发展。

选择创造价值的人生

"世界上唯一不变的，只有变化。"

这一时期，留学归来者大多数选择进入外企。Amigo 的朋友多数在四大会计师事务所工作，而她则非常愿意接触新领域，期待在不同的企业和岗位上成长。

在 Amigo 看来，"人的一生，就像自己做过的无数种实验，不同的实验，原理不同，方程式不同，时间不同，温度不同，试剂不同，反应形式不同，最终结果也不同。如果人生是一场不间断的连锁实验，在终点既定的情况下，那先做什么，再做什么，最后做什么，怎么做，选什么样的材料与试剂，又怎会有定式？所以，为什么一定要进某家公司，做某份工作，得到某个既定的结果呢？"

归国后的 Amigo，认为任何一家企业都可以帮助她成长。所以她不仅没有留学生包袱，还十分期待在一个全新的领域从基层做起。她的"实验哲学"告诉她，只有真正接触尝试后，才能明白自己真正擅长什么。父母对此持相同态度，时常告诫她："留学只是一段经历，不要好高骛远。"

自 2011 年步入职场，Amigo 先后供职于国际性银行、全国性连锁国际幼儿园、国际教育等多个行业，从事或与自己专业能力相关，或与自身留学经验相关的工作。十三载似水年华，在工作与生活中悄悄溜走。

如今，Amigo 在教育领域从事教学工作。她将从量变到质变的学习经验，以及在学习中踩过的坑毫无保留地分享给讲台下的学生。

谈起热爱的教学工作，Amigo 迫不及待分享道："学生的学习，是一个知其然，还要知其所以然的过程。例如化学方程式，即一种物质加另一种物质产生化学反应，形成一种新的化合物，就像'1+1=2'。过去的学习，我们将重点放在记住物质名称、化学方程式与化学现象上；现在，在掌握知识点的过程中，我会带领学生认识两种元素的属性，探究它们存在于自然界（生活中）的什么物质中？表现特征有哪些？二者在什么样的条件下会产生何种化学反应？原理是什么？在自然界及生活中有哪些可以直接或间接观察到的现象？如果遇上分子相似的另一位家族成员，又会产生什么样的化学反应？由此展开下一堂课的内容。"

"简言之，在教学过程中，我会潜移默化地引导学生养成寻根究底的钻研精神，改变学生'我不知道为什么''我哪知道这代表什么''反正它就会这样反应'的浅层学习状态。"正如苏霍姆林斯基在《给教师的建议》中说：

兴趣的源泉还在于把知识加以运用，使学生体验到一种理智高于事实和现象的'权力感'。在人的心灵深处，都有一种根深蒂固的需要，这就是希望自己是一个发现者、研究者、探索者。

此刻，Amigo的脸上洋溢着暖暖的笑意。于她而言，用专业所学引导学生们在生物、化学领域里不断探索，是最有价值的一件事。

刘启（化名）

建设祖国，从学好机械工程出发

丹麦科技大学

时代之需，恰是学子心之所向、行之所往。

2004

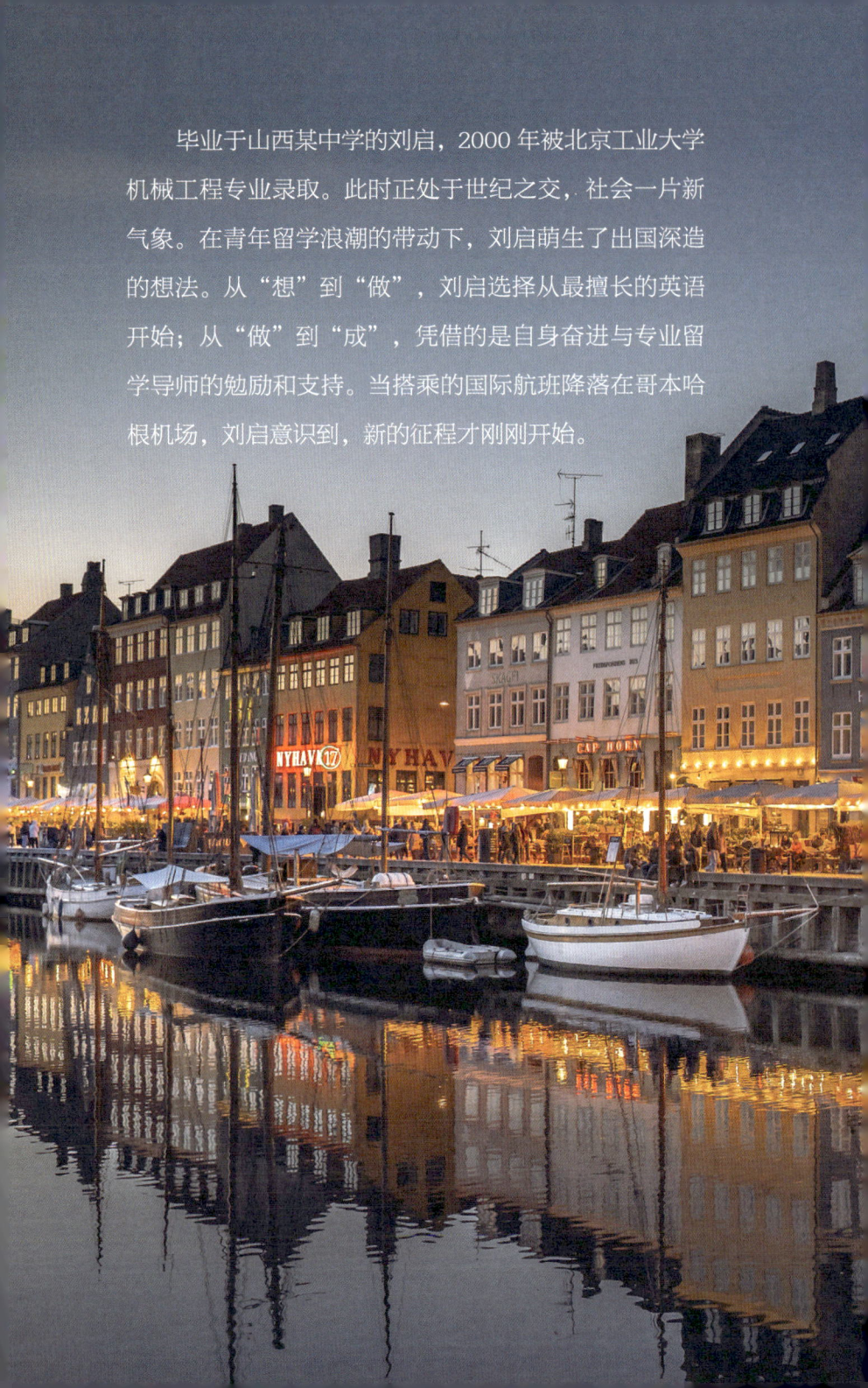

毕业于山西某中学的刘启，2000年被北京工业大学机械工程专业录取。此时正处于世纪之交，社会一片新气象。在青年留学浪潮的带动下，刘启萌生了出国深造的想法。从"想"到"做"，刘启选择从最擅长的英语开始；从"做"到"成"，凭借的是自身奋进与专业留学导师的勉励和支持。当搭乘的国际航班降落在哥本哈根机场，刘启意识到，新的征程才刚刚开始。

丹麦·哥本哈根

机械学子走出国门

1956年，毛主席在《纪念孙中山先生》一文中写道：

"事物总是发展的……再过四十五年，就是二千零一年，也就是进到二十一世纪的时候，中国的面目更要大变。中国将变为一个强大的社会主义工业国。"

工业发展，自然离不开机械制造。

1982年出生于山西小城的刘启，在千禧年的七月，被北京工业大学机械工程专业录取。也是从这一年开始，中国移动通信市场开始繁荣，移动电话、短信、网络将进入这一代年轻人的学习与生活中。

从未离家远行的刘启，在北京工业大学开启了新生活。在全新的环境里，刘启在跟随教授学习专业课程之余，加入校级学生会组织。在多次大型活动中，负责人员组织、工作安排、宣传推广等工作，多次高质量地完成活动前宣发、活动中服务、活动后报道与复盘工作，锻炼出极强的组织沟通能力与解决问题能力。

对社会发展与世界面貌充满好奇的刘启，在大二时，通过学长了解到留学对未来职业发展的重要影响，不仅立刻寻找相关资料开始研究，还咨询了数位有留学经验的教授，以及通过留学深造改变人生的长者。经过深入思考，刘启萌生了出国读书的想法。

刘启坦言道："我的人生因此发生了巨大转变。当时的我只有一个目标，争取机会出国留学，学习国外先进的机械设计与制造技术，实现专业水平的快速提升。"

彼时，已经轻松考取英语四级、六级证书的刘启，筹备语言考试的同时，着手了解留学申请流程。了解得越深，刘启越认识到，自己选择的路，除了需要极强的英语能力与专业积累，还要对海外高校所在的国家/地区、院校设置、专业、历年招生、毕业生就业等情况有深入了解，并同自身未来发展预期相匹配。经过慎重思考，刘启决定将专业的事交给专业的人来做，自己则专心准备托福考试、GRE 考试，同时学好大学课程，保持良好的 GPA 成绩。

"普遍来讲，我们的留学申请准备落后于国外院校要求，大家会尽量把标准化考试成绩做得漂亮一些。对我而言，GRE 考试难度最大。首先，对于英语非母语的我来讲，心理上是一道坎儿；其次，需要用英语去做偏学术的阅读，进行大篇幅的信息提取与解读；最后，包括我在内的部分同学，陷入追求成绩、忽略本质的陷阱中。当时没想明白考试的目的不是追求漂亮的成绩，而是用好语言工具，为未来获取知识、内化吸收，产出逻辑严谨、富有创新的学术成果服务。简言之，用另一门世界通用语言探索知识与学术的边界。

"另一难点是文书如何写出彩。这涉及挖掘个体成长经历中独特的个人特质。为此，我和老师进行了三次头脑风暴，全面梳理成长经历，总结提炼个人特质。同时，详细了解目标院校的录取要求，寻找二者之间的契合点，对我完成特色突出、高匹配度的文书帮助颇大。"

回首二十一年前的申请之旅，刘启感慨道："从'有留学想法'到'真正走出国门'，每天都在接受新信息、面临新挑战。很庆幸自己当初迎难而上，踏上留学之旅。"

2004年，经过综合对比与慎重考虑，刘启选择了免除学费，还额外发放奖学金的丹麦科技大学——一所因通信、信息技术、工程学和生命科学领域研究卓著，在世界上享有极高声誉的欧洲高等院校，继续机电工程领域的深入探究。

最重要的事

"在丹麦科技大学读书，首先让我感到亲切的是学习内容。部分课程的知识点在本科阶段已学，我用新形式去熟悉旧内容，一步一步适应了欧洲大学的教学模式与思维方式。"

谈及印象深刻的学习体验，刘启重点分享了研究项目与当地企业紧密结合的实践性课程。简单来说，学校机电工程专业的学生进入当地相关企业，通过校企联合方式，协助企业解决工业生产与应用中的实际问题。刘启清晰记得，彼时的自己选择加入一家控制器制造企业，与企业内部的工程师一起完成供水系统控制器的优化。

首先，明确项目目标——优化供水系统控制器，解决"减少耗电""提升效率""控制精确度"三大难题；其次，面对整体情况更为复杂的工业级别控制器，刘启需要结合多门学科知识，吃透控制器内部系统工作原理；再次，抓取控制系统工作状态中的实时数据，结合线性代数知识加以分析，用精准数据反映控制系统的真实状态；最后，尝试找到优化的突破点，通过增加元器件或反馈条件，让控制系统减少误差，实现更加及时精确的响应。

"系统的优化，其实是一个螺旋式上升的过程。这家专注做控制系统的公司，此前也在不断优化自家的控制系统，积累下庞大的客户数据。在项目推进的过程中，我和企业方组织定期会议，每周沟通想法，反馈阶段性成果。经过双方三个月不间断的排查与调试，终于解决了控制系统精确度的问题。"

此次项目实践，不仅让刘启将所学知识应用到具体的工业实践中并取得成功，而且还成为他的研究生毕业设计项目。刘启用专业实力与钻研精神，征服了领导与一众同事，顺利获得该企业的正式录用，实现从学校到职场的无缝衔接。

回顾整个研究生阶段，刘启认为除了专业提升，最大的收获是英语。

✳ 丹麦·小美人鱼

"我们那个年代学的都是哑巴英语，能听、能读、能写，就是不敢开口说，没机会真正把英语用起来。但当你进入一个完全陌生的多语言国家，身边人随时随地在英语、丹麦语、德语间切换，被强制隔离在这样的环境里，衣食住行与校园学习等方方面面逼你开口，哪怕一个单词一个单词往外蹦，哪怕有口音或语法错误，只要开口说，慢慢就好了。"

其次是参与校企项目带来的成长连锁反应。"更好地适应工作的前提条件，除了基本的工作技能，工作的外延也同样重要。"在与企业对接及后续工作中，刘启深入学习了丹麦企业的运行机制、企业文化与当地语言，不断丰富自己的世界观与人生体验。

在控制系统公司工作两年后，刘启意识到自己陷入了发展瓶颈，需要更大的平台与更活跃的市场，于是在2008年6月踏上回国之路。

这一年，全世界的目光聚焦于富强、友好、蓬勃发展的中国。

而此时的中国，已经用中国制造走进世界人民的生活。

身处最好的时代

回国后的刘启，凭借国际化视野与专业领域内的从业经验，顺利入职一家同样做控制系统的企业。恰逢公司拓展产品线，需要针对不同市场开发本土化的水泵产品。负责新产品线的刘启在本地可参考样本较少的情况下，通过多部门协调并充分调动客户资源，进行前期产品调研，研究使用场景，搜集客户需求，提供落地技术支持。

"一个好的产品，在能够给用户带来基本价值之上，还要能提供更好的使用体验。"从纯技术岗位涉足市场领域，刘启认识到产品规划和市场调研对产品的重要性，所以在后续工作中更加注重沟通能力的培养和思维开放，对宏观系统性问题的关注也越来越多，为拓展职业广度打下基础。

2015年，刘启转入一家做消防器材的企业，担任以专业技术与敏锐市场洞察力为经纬线的商务拓展职务，并持续至今。得益于国内整体经济形势、中国市场持续成长与相对公平的竞争机会，无论是刘启个人的职业发展，还是企业生产总值，双双迈入跨越式发展阶段。

在行业内耕耘多年，迎着时代发展春风一路走来的刘启分享道："商业环境是由多种要素综合构成的，包括法规、文化、技术、用户、成本、时间等，每一个专业领域都需要我们尊重并且掌握。一个产品的成功与一个品牌的成功离不开企业的综合实力，自己的职业发展也离不开所处的市场大环境。无论在什么岗位上，都要保持学习的动力和能力，以便最大程度契合企业和社会的需求。"

时代之需，恰是学子心之所向，行之所往。

中国向前

中国，这个曾经由六万万人口组成的大国，在摸索中走过一条漫长又短暂、宏伟又微小、满载幸福又饱含辛酸的工业发展之路。毛泽东在中国共产党第八次全国代表大会的开幕词草稿中写道："要将一个在经济上文化上都很落后的农业的中国，建设成为一个社会主义新式的工业国，需要人民的拥护；需要社会制度的改革；需要国家的巩固……"在1978年对外开放之际，德国汽车专家来到上海考察。"他们发现，在中国找不出一家能与桑塔纳汽车配套的零部件生产企业，甚至没有一条生产线不需要改造。"①

而到了2023年，经济合作发展组织（经合组织，OECD）统计2023年世界制造业总产值排名，中国制造业总产值占全球35%，制造业增加值占全球29%。②

在中国工业化漫长的道路上，我们从第一个"五年计划"走到"十四五规划"。这期间出现了千千万万个"刘启"，有的人扎根当地，数十年如一日地用夜以继日的勤勉推动当地工业化向前发展；有的人奔赴世界，汲取先进专业知识，用所学推动中国工业，尤其是制造业向数字化、国际化迈进，实现从"中国制造"到"中国智造"。《光明日报》在题为"制造业强起来步伐持续加快"的报道中指出：我国制造业增加值占全球比重约30%，连续14年位居全球首位。

这一天，阳光正好，中国向前。

注释

① 吴晓波：《激荡三十年——中国企业1978—2008》，中信出版社2017年版。
② Author's elaboration of OECD TIVA database 2023, PROD & VALU manufacturing sectors.

暖阳（化名）

走文化自信的路

蒂芬大学 & 圣芭芭拉城市学院

建设美好世界，
是一件特别有价值的事。
我渴望成为其中的一分子，
走文化自信的道路。

2005

从小喜欢从楼顶天台眺望整个临汾市，见证城市翻天覆地变化的暖阳，从中学时代便意识到每个人要走的路不一样。也许属于自己的路，在世俗的眼光与评价里不算完美，但适合的才是最好的。对大学生活与未来发展有充分思考的他，在 2005 年 6 月高考结束后，带着为数不多的行李，踏上了前往北京的留学申请之路。他希望突破中学时期信息闭塞的环境，在一个更多元的环境中，开阔视野，丰富体验。

选择属于自己的路

"上个好初中，才能进入好高中；进入好高中，相当于一只脚迈入好大学的门；读了好大学，才能找份好工作。"在世俗约定的传统发展道路上，少年人还未经过独立思考与充分体验，便一路成长为青年人。暖阳意识到："人的一生，读书是一方面，去看一看外面的世界，是另一方面。当时的自己面临两个非常大的问题——信息闭塞与认知世界狭小。"

"久在樊笼里"的暖阳，在高三时萌生了出国读书的想法。彼时，家中父母并不愿意孩子前往异国求学。对他们来说，这是一条从未考虑过的路。高考结束后，暖阳与父母进行了数次深入的沟通，最终，说服了双亲。怀揣着"留学看世界"的想法，暖阳踏上开往北京的火车。

✻ 加利福尼亚州圣芭芭拉码头与休闲船

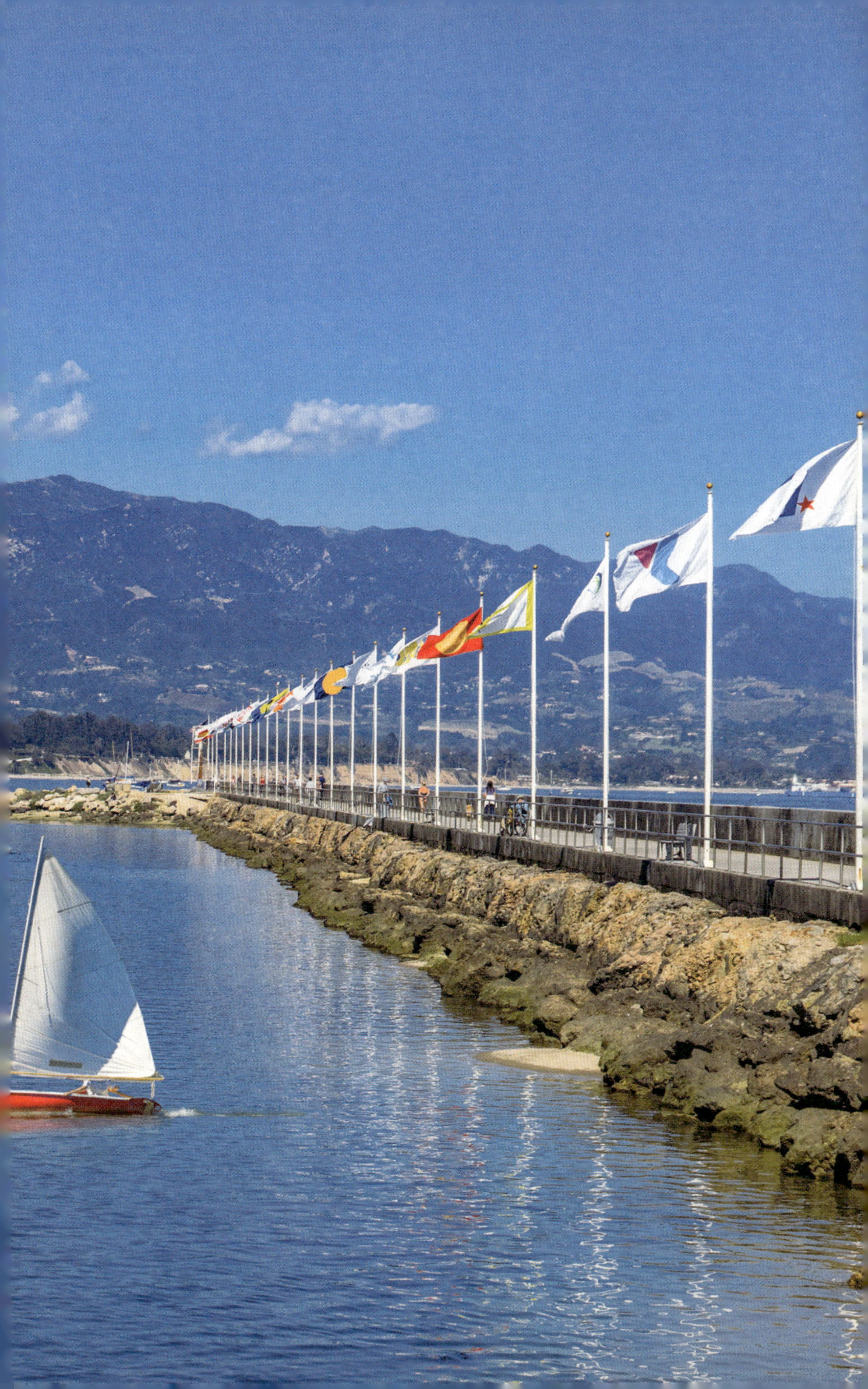

到北京后的每一天，纷繁复杂的留学信息一股脑儿挤进大脑。暖阳认识到，仅有热情和行动远远不够，留学去哪个国家、选什么院校、定什么专业、需要达到什么标准，每一个问题的解答都需要大量精准且及时的留学信息，所以急需一名专业老师的支持。

"整个申请过程中，王老师对我最大的帮助是理解我和我的追求，针对我的具体情况，给出适合我的留学申请路径与解决办法。"暖阳如是说。

要在三个月内完成申请、录取并赶上秋季入学，时间非常紧张。在王老师的协助下，暖阳顺利地完成了各项申请材料的梳理、填写与递交。最终，在八月中旬收到了美国蒂芬大学经济专业的录取邮件。

九月，暖阳搭乘中国飞往美国的航班，前往位于俄亥俄州蒂芬市的蒂芬大学——一所始建于1888年、倡导"终身教育"理念、十分注重学生职业素质培养的私立综合性大学。

见世界的另一面

怀着开阔视野、体验异国生活心态的暖阳，进入美国蒂芬大学校园后，目之所及的每一个现象，经历的每一件事，遇见的每一个人，全都促使他进一步思考起源与成因。

例如：初到美国蒂芬大学，有一天暖阳和同学煮了一锅泡面，一转身的工夫，锅里就被美国同学扔入脏物；再如：有一年寒假，暖阳的机票买在假期第三天，面临无处可去的窘境。对门室友知道后，热情邀请他一起回家，不仅主动将卧室让出，还在三天时间里，开车带着他在城市周边转了转；又如：接受同学邀请，走进一个典型的美国家庭，感受美国传统节日的风俗人情与传统文化……从事物与环境中持续学习的暖阳，认识到美国校园的"恶作剧"文化，感受了美国人友好、自信与强势等不同方面，体验了美国青少年热爱的流行文化和本地的乡村乐团表演，甚至还加入了学校合唱团。

大一结束后，暖阳从蒂芬大学转入加利福尼亚州（简称加州）圣芭芭拉城市学院，在更加繁荣多元的加州，继续经济学领域的学习。

在这里，暖阳遇见了邀请他担任教学助教，给予他诸多成长机会的统计学教授；结识了将专业领域知识与人生宝贵经验毫无保留地分享给学生的教授；更重要的是，学会了用发展的眼光去对待每一个人、每一件事。

"就像当初统计学教授对我那般，善待自己，善待他人。**一时的贫瘠与缺失并不能代表什么，树人如树木，只要给予肥沃的土壤、充足的阳光雨露，人的能力与禀赋就如树苗，将慢慢长成一棵参天大树。**"

正如爱因斯坦1931年在纽约州立大学演讲时所言，"如果一个人掌握了某个学科的基础，并且学会了独立思考和工作，他就一定能够找到属于自己的方式"。在这里，暖阳通过学习数学锻炼了逻辑思维能力，通过学习历史培养了发展的眼光，通过实地调研触摸到世界级企业的管理与文化，这为其后的创业之路奠定了良好根基。

1986年出生的暖阳，自幼便喜欢登高远眺。从六层楼高的天台，几乎可以望见整座城市的全貌，一天天、一年年见证着城市翻天覆地的变化。从那时起，暖阳的心里便种下一颗种子——建设美好世界是一件特别有价值的事，他渴望成为其中的一分子。

* 美国加州圣芭芭拉城市学院校园中心大楼

2010年，结束了圣芭芭拉城市学院学业的暖阳，收到了加州大学戴维斯分校经济专业的录取通知。此时，国内约定一同创业的伙伴发来催促消息，清楚自己追求的他，一如十八岁那年，踏上了属于自己的那条路。在新阶段里，活出新精彩。

走文化自信的路

"当四面八方皆是方向，人反而会陷入迷茫。"

2010年，怀揣一颗创业之心的暖阳，踏上回国的路。当飞机在首都国际机场降落，望着窗外熟悉的景色，听着身旁亲切的家乡话，"归家"的他，在这一刻有了真实感。

"回国后的第一个感受是国内变化非常大，城市建设日新月异，各个行业蓬勃发展。我用了将近一年的时间，摸索创业方向。那时自己二十来岁，对自身和社会认知非常有限，不清楚自己擅长什么，不擅长什么，也不了解社会真实的需求，避免不了会陷入心浮气躁的状态。每当随波逐流的想法浮现，内心都会出现一个声音，'事情不是这样的，不是每一条挣钱的路都适合你走'。"

2011年的中国，是一个最好的时代！蛟龙下海，神八上天，智能手机市场大爆发，小米诞生，微信面世，互联网带动全世界向前奔跑，每一天都在发生变化。在这个风云激荡的大时代，每个企图改变世界的人都在勇敢地拥抱趋势。

经过一年的摸索，暖阳在心里确定了两件事：一是瞄准了文化自信的方向创业，二是明确了脚下的路怎么走。

"**文化自信不是一句口号，它是生活的一部分，需要具体有形的东西来表达，无论是一本书还是一家公司。**恰好餐饮是一个很棒的文化载体，未来中国需要像星巴克、肯德基、麦当劳这样代表文化自信的品牌。因此，我将创业的方向定在餐饮行业。

"记得在美国求学时，有一年农历八月十五，一位中国朋友喊我去他家过中秋节。他的父亲在那天送了我一本《唐诗宋词（精选）》。我随手翻阅，竟意外读到李商隐写给北方亲友的《夜雨寄北》，相近的思念之情加上中国诗歌独有的意象与诗韵，让我红了眼眶。'君问归期未有期，巴山夜雨涨秋池。'那时，我为了锻炼自己的英文水平，融入当地生活与文化环境，已经很长时间没听中文歌、看中文电视剧、接触唐诗宋词了。'何当共剪西窗烛，却话巴山夜雨时。'此刻的我，如一千多年前思念亲人的李义山一般，思念着远在地球另一端的亲友。

"连我自己都没有发现，原来我整个人已经在异国的文化环境里干涸了，直到亲手触摸到凝结了中华文化精髓的唐诗，才像鱼儿重新回到水里一样。独特的经历让我意识到文化的力量如此之大，文化才是人的心灵'活的源头'。"

确定了"打造一个蕴藏着文化诗意的餐饮品牌"的创业方向之后，暖阳将行动方针定为：从小做起，发挥团队力量，将诗词文化深度融入其中，带领团队创造财富。逐渐从2012的一家70m^{2}的餐厅发展为如今的全国连锁餐厅。

其连锁餐厅（北京朝阳区某分店）在大众点评上有这样一条五星评论："第一次遇见这么特别的餐厅。中午收到大厂终面被拒的信息，心情特别不好。一个人进了这家店，服务员应该是看出我的状态不对，上菜的间隙，特地过来送了我一把精美的折扇，折扇上写着'莫愁前路无知己，天下谁人不识君'。我哭死，谁懂我当时的心情啊。他们家真的一定要来。"

曾经被诗词文化滋养心灵的暖阳，用文化的力量与行动去影响有需要的人。一晃十二载，暖阳始终走在"以餐饮载文化 以文化影响人"的道路上，无论遭遇怎样的困境，都坚持以优秀传统文化为基因，以传递文化自信为使命，以创造善良财富为目标，在中国餐饮行业里走出了属于自己的路。

如今，暖阳和他的火锅的故事仍在继续……

李赫(化名)

留学,
人生向前的
关键一步

格里菲斯大学

我们就如滚滚时代浪潮里的弄潮儿,有时被顺势推上高处,有时被裹挟着落到低处。相比于寄希望于未来,我更愿意做好当下。

2006

2006年11月，中国外汇储备突破一万亿美元，占全球外汇储备总额的五分之一，超越日本成为世界第一外汇储备大国。此外，国有银行争相上市，企业并购活跃，重大建设项目竣工并投入使用。新区、基建、外汇……所有的信号都预示着中国经济发展位于快车道，前景向好。

毕业于南京华夏实验学校的李赫，高考后结合多方信息，入读金陵科技学院中澳合作办学专业。2006年1月前往澳大利亚学习，随后顺利被澳大利亚格里菲斯大学会计专业录取。同年9月，李赫进入格里菲斯大学学习。

在李赫看来，异国求学是一个不断学习、不断探索、不断进步、不断创新的过程。自己也需要面对诸多挑战，比如必须融入当地语言环境，理解西式思维方式，运用多元视角审视问题，不断提升接受新事物、解决新问题的综合能力等。"**留学路上，要勇于尝试，更要智慧处理。**"

以子之矛　攻子之盾

一场不辜负自己的留学，从妥善解决住宿问题开始。

从南京前往澳大利亚布里斯班，需要先在香港转机。二十小时后，从隆冬穿越至盛夏的李赫，率先被布里斯班热情的乌鸦和蝙蝠包围。

来之前，李赫通过中介提前安排好了寄宿家庭。真

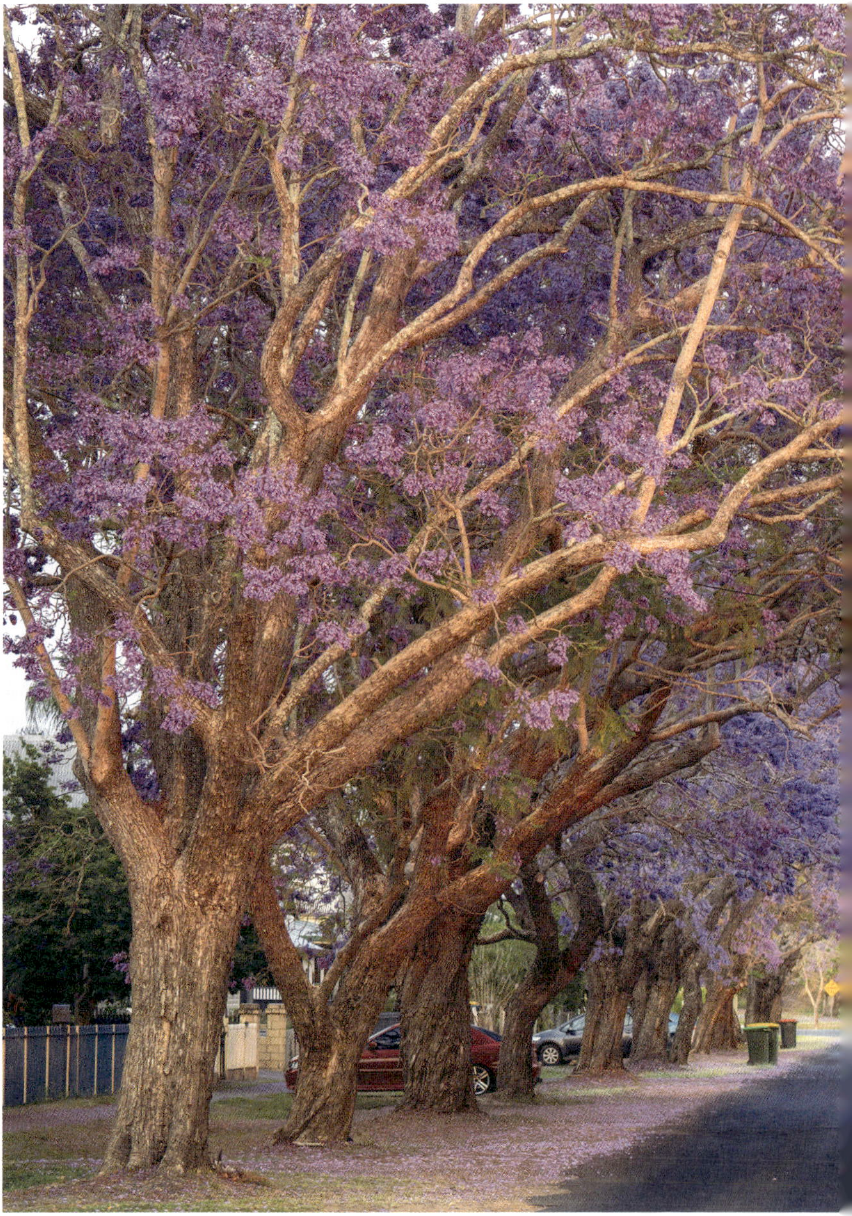

* 澳大利亚布里斯班蓝花楹

正入住后,他才发现被分配的寄宿家庭的各项指标均达不到自己的最低要求。为了让中介同意为他更换寄宿家庭,李赫先咨询数位申请更换却被拒绝的同学,了解申请原因及被拒理由有哪些;再对多位同学的住宿家庭进行考察,包括居住环境、饮食习惯、上下学便利程度等;最后进行综合分析,再与中介沟通。

"首先,明确表达诉求:我要换寄宿家庭。

"其次,更换的原因有两个。第一,我的房间对着一片墓地,导致我每天晚上休息不好,对我的精神产生了一定的影响;第二,寄宿家庭有一只大型犬,给我造成了极大的精神压力,每天都担心它过来咬我。

"最后,获得中介理解,然后将自己调研后选定的新寄宿家庭告知对方,表明自己已经谈妥,只需将寄宿费转过去即可,减少对方麻烦。"

相比于其他同学的"住宿条件差""距离学校远"等理由,李赫在事实基础之上,通过调研分析,用当地人的思维方式进行协商,最后成功更换寄宿家庭,品尝到留学道路上通过自身努力收获的第一枚果实。

已经在金陵科技学院读完两年商科预备课程的李赫,计划两年内修完格里菲斯大学会计专业全部课程,系统掌握会计从业人员所需的会计、数学、法律等各类知识。

面对通过率仅有40%，同学们都说难的"会计理论"课程，李赫以教材为本，第一遍把书读薄，系统梳理知识脉络；第二遍融会贯通，采用澳大利亚当地人的思维理解课程核心精髓——作为一名专业会计，如何帮助公司实现可持续发展；最后，面对没有标准答案的考卷，通过转换思维、内化知识、把握主旨三步，运用专业所学进行成本控制，实现利润增长，顺利取得优异成绩。

课余时间，李赫和同学准备开车前往某地。在还没有全球卫星导航系统的日子里，他们需要随身携带一册厚厚的地图，常常边看地图边赶路。如今，导航已经成为出行标配，各类留学资讯也十分丰富。留学生不仅可

* 布里斯班

以提前制定攻略，还能随时随地获取衣食住行指导及避雷分享，甚至哪条街的哪个位置有美味的中餐馆，都被标注得一清二楚。

回顾留学的两年，李赫坦言："心理学家斯金纳曾说：'当所学内容全部被遗忘后，剩下的才是教育。'随着时代与社会的发展，新知识不断更新迭代，过往所学已然陈旧模糊，反而是这个过程中提升的持续接受新事物、解决新问题的综合能力、个体独立性与多元思维，对我后续的职业发展影响颇深。"

从格里菲斯大学毕业后，李赫凭借专业优势与突出能力，顺利进入当地银行，担任客户经理一职。这一时期，初入职场的澳大利亚应届毕业生，无论是进入四大会计师事务所，还是进入银行或百货公司，起薪相差并不大。

认真工作之余，李赫还调研了澳大利亚企业各层级员工的工作状态、平均薪资、晋升机制，对企业的管理制度、文化氛围、发展空间进行了综合评估。他认为，**人生从来不是短跑。让人与人拉开差距的，是信息差、全球化视野、谋求共建共赢的积极心态，以及个体的主动选择。**他清楚澳大利亚职场并不适合他，于是决定回国发展。

结束银行工作后，李赫在 2010 年 2 月，告别生活了四年的布里斯班，如燕归巢般飞回了南京的家。

摸着石头过河

在家过完春节后，对国内就业环境、行业情况均不熟悉的李赫，选择了一份专业匹配度高，自己也能快速上手的银行工作。那时的他，认为银行内部业务线丰富，在这里大概率能找到自己喜欢且擅长的工作内容。

进入银行后，李赫的主要工作是打电话邀约客户，为客户办理存款、推荐理财产品等。乐于挑战的他在这份工作中寻找不到富有挑战与创新的部分，于是果断离职。

年轻的心，也曾为未来迷茫。还不怎么了解上海的李赫，决定到处走一走，看一看。

2010年底，李赫入职一家主营业务为成人英语培训的外资企业。一方面是企业的薪酬待遇、职业发展与管理模式还不错，另一方面是受留学经历影响。进入销售业务部门后，李赫快速精准地挖掘客户人群的需求点、预期目标、实现路径，三个月便晋升为小组负责人。随后带领团队连连突破，在保障教学质量的前提下，所服务的学员数量屡创新高。在三年时间里，从一线销售人员晋升至华南区负责人。

时间来到2014年，李赫的成长陷入瓶颈。经历过商业市场磨砺的他，将目光从成人英语赛道移开，转而关注国家与社会发展。

2013年，中国政府提出"一带一路"倡议。2014年，教育部公布中国恢复高考以来最大力度的改革方案，中国证监会、香港证监会批准沪港股票市场交易互联互通机制试点……从外企"毕业"的李赫，计划在布满荆棘、芳草鲜美的全新地图上，开拓人生新道路。

这一次，李赫将目光投向一家留学服务企业。因为该企业的主营业务是留学，接下来将大力发展上海地区的业务，于是李赫成为该企业在上海分部的007号员工。也是从这份工作开始，李赫开启了留学服务领域内不同赛道的持续历练。

十年如一日

十年间，李赫完成了三个层面的积蓄与突破。从个人层面讲，他基于个人经验与当下市场环境变化，选择了一份在最短时间内发挥最大效用与价值的工作，持续耕耘；从企业层面讲，他细化业务目标，搭建人才梯队，科学高效管理，洞悉市场变化，持续拉动业绩、顺利交付成果，实现市场份额增长；从客户与服务对象层面讲，签约于他而言，代表着沉甸甸的责任。服务一名学生，意味着承载了一个家庭的未来，用科学规划助力学员圆梦名校。

如今，李赫继续在国际教育行业深耕。回顾十年来时路，他感叹："时代在变，需求在变。一部分行业从繁荣到落寞，一部分行业从无人问津、野蛮生长到需求强烈、竞争激烈。**我们就如滚滚时代浪潮里的弄潮儿，有时被顺势推上高处，有时被裹挟着落到低处。时代变化，行业变迁，人生起伏，都是再正常不过的事。**因此，相比于寄希望于未来，我更愿意做好当下，做出成绩，服务好每一位学员。"

"留学归来，最终扎根留学服务。也许在部分人看来，这是人才的浪费与落寞。但恰恰是前人蹚过的路、撑起的伞、建成的桥，为处于快速发展过程中渴望创新人才的祖国，打通了国际化人才培养的大通道，实现中国学子'走出去'，将前沿技术'引进来'的目标。"李赫如是说。

兰星宇（化名）

世界那么大，我想去看看

麦考瑞大学

我们青年人的选择，
不仅是个体的选择，
也是时代为我们铺垫的选择。

2007

2004年,从福州大学经济管理专业毕业的星宇,参加了当地烟草企业的全省统一招聘活动。她在三千人的竞争中突围,被企业顺利录取,实现毕业即就业。2007年,凭借扎实的专业实力与细致的申请准备,星宇被澳大利亚麦考瑞大学金融专业录取。同年,她勇敢地奔赴澳大利亚悉尼,开启硕士阶段的学习之旅。

留学梦开始的地方

1997年7月1日,正是中国在香港恢复行使主权的重要日子。

为了庆祝香港回归,福州地区的中考提前了整整一周。十五岁的星宇跟随爸爸妈妈前往深圳,亲眼见证这一历史时刻。那一天,无数人挤在皇岗口岸前,目送驻港部队进入香港。

年少的星宇仰望着面前驶过的军用汽车,汽车上笔挺威严的驻港军人,军人脸上郑重肃穆的神情,这一幕深深烙印在她的脑海中,久久难忘。

千禧年盛夏,高考结束后的星宇,随家人前往香港,在这个时髦、繁华的大都市度过中学时代的最后一个暑假。从福州到深圳,从深圳到香港,见证不同地区、不同城市的不同面貌的她,意识到"行万里路"与"读万卷书"同样重要,渴望走出国门看世界。

十八岁的星宇，在父母期待与个人意志之间，坚定地选择了后者。对经济领域与企业管理感兴趣的她，报考了福州大学经济管理专业，随即被顺利录取。

"那时的我性格偏内向，即使遇上不错的机会，也内心忐忑，害怕前进一步。像《山月记》中描述那般，'我深怕自己本非美玉，故而不敢加以刻苦琢磨，却又半信自己是块美玉，故又不肯庸庸碌碌，与瓦砾为伍'。直到我遇见讲授'企业管理'课的林教授。

"这位在其他人眼中略显'不务正业'的教授，会接受电视台财经节目访谈，会对当地企业的建设与发展建言献策，会带领学生学以致用，落地类似后来'大学生创新创业计划训练项目'的活动，真正做到教师的教、学生的学与社会需求相结合。正是因为遇见他，推我向前一步，突破自我设限，才有了后来神采奕奕、自信昂扬的我。"

大学期间，星宇不仅在专业课程中表现出色，协助林教授完成科研项目，发表核心期刊文章，获得一等奖学金；还在林教授的鼓励下，加入了学校辩论队，担任女生部部长，组织校园歌手大赛等多项校级大型活动……与可敬可爱的师长、志同道合的朋友、相知相爱的恋人，共同度过充实精彩的四年时光。

毕业后，星宇过五关斩六将，在激烈的竞争中胜出，顺利地进入福州省烟草公司，担任业务部品牌经理一职，负责全国烟厂的建联工作。在工作中锻炼了待人接物、商务沟通、材料写作等多方面的能力。

在这份保障能力突出、社会认可度高、家长极度赞赏的工作的映衬下，"走出国门看世界"逐渐变成一道晨曦薄雾，偶尔降临，又转瞬消失；渺若青烟，又时时扣动星宇的心弦。

待到星宇在澳大利亚读研的男友完成学业，获得一份银行的正式工作后，星宇再次鼓起勇气，说服母亲让自己去澳大利亚留学。

为了增加录取率，二人专门寻求专业老师协助。在老师的指导下，星宇梳理过往求学及工作经历，总结个人特质，进行文书头脑风暴，一步一步扎实完成申请文书等各项材料并递交。2007年初，星宇收到澳大利亚麦考瑞大学的录取邮件。

"那时的我，从国企辞职，奔赴澳大利亚留学。在领导、同事和家人看来，是一个放着好工作不做，被爱情冲昏头脑的傻瓜。"星宇坦然一笑，"恋情只是影响我的原因之一，更重要的原因是世界那么大，我想去看看。"

时代在为我们的人生做选择

"你是一个很有希望的人。"

了解到星宇是在工作三年后选择继续深造，目前已被麦考瑞大学金融学硕士专业录取，语言班的约翰老师对目标感极强的她赞赏不已。

"在这里，无论大事小事，他们都会表扬你。除了语言班的约翰老师，讲'市场分析'的贝恩老师同样如此。在一项研究酒店的课题中，我挑选了马来西亚的香格里拉酒店作为研究对象，分析它的各项营销策略与创新之处，完成的报告得到他的高度赞赏。他还建议我更进一步，进行香格里拉酒店与悉尼星级酒店的对比性研究。"

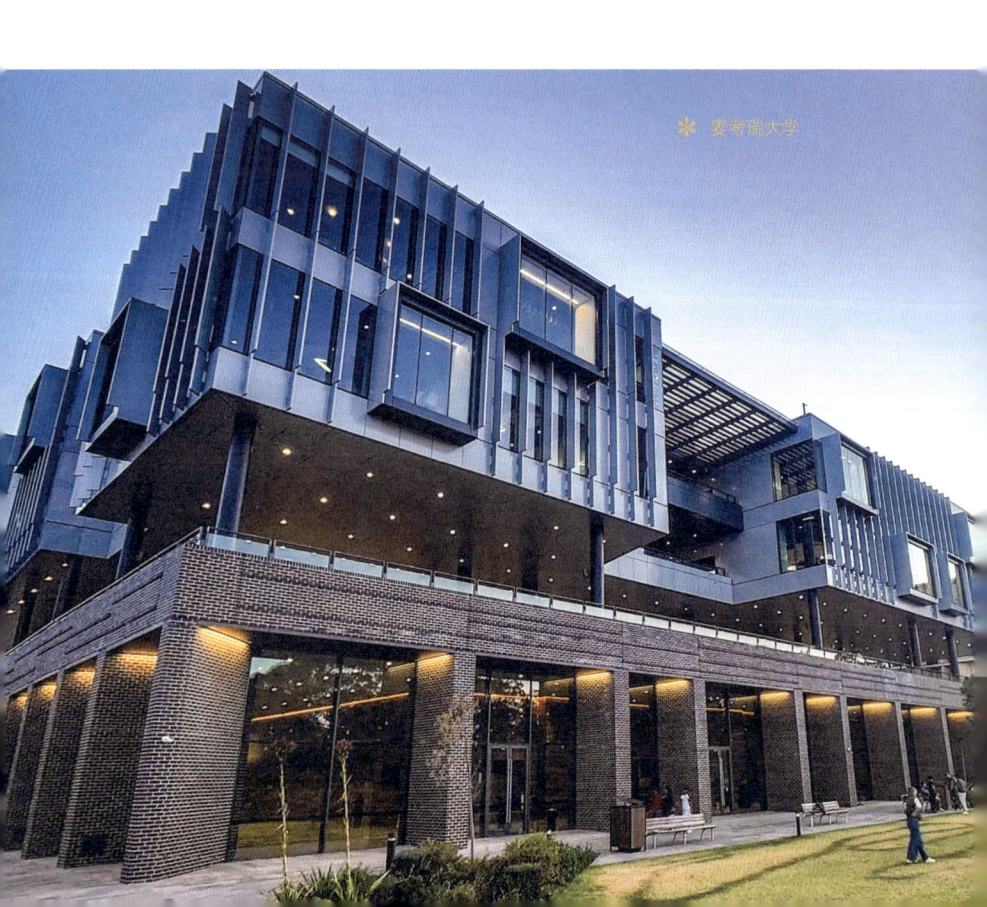

※ 麦考瑞大学

周末，完成悉尼酒店实地调研的星宇，与男友漫步在悉尼中央商务区。这里汇聚了众多澳大利亚乃至全球知名公司。望着鳞次栉比的摩登大楼，星宇希望自己从麦考瑞大学毕业后，能够进入中心商务区的一家世界级企业工作，在业务丰富、管理成熟、制度完善、职员构成多元的大型企业中快速成长。

2009年，从麦考瑞大学毕业的星宇，如愿进入雅诗兰黛集团，担任市场部门运营经理，负责品牌产品在新南威尔士州的推广运营工作。在往年策划方案的基础上，结合品牌调性与市场目标，对该年度节庆日促销方案进行创新性优化，监督全州各大专柜落地，对销售数据负责。

大约在2008年前后，国内金融行业迅猛发展，需要大量金融专业人才。拥有留学背景与国际性银行从业经验的专业人才，机会多、潜力大、前景好。2010年，星宇在澳大利亚银行工作五年的爱人，在国内获得一份待遇与未来发展前景皆佳的工作机会，率先回国发展。

"世界是发展的，人才是流动的，越来越多的人在用脚投票。所以我们青年人的选择，不仅是自己的选择，也是时代为我们铺垫的选择。"

还是在这一年，星宇在购房过程中与汇丰银行悉尼分行的对接越来越频繁，恰逢对方正在招聘。星宇所学专业以及对房屋贷款业务的熟悉，充分满足岗位需求。同年年底，星宇加入汇丰银行悉尼分行，担任理财经理岗位。

从快消品行业进入银行的星宇，每天对接来自世界各地的拥有不同文化背景的客户，根据客户需求提供适配的金融业务，协助客户完成办理工作。对银行系统内部合规性的锻炼与内化，是这份工作最大的收获。这也为星宇回国后进入金融租赁公司，负责银行渠道的对接与合作，积累下十分宝贵的经验。

2013年星宇回国，进入金融租赁公司，担任资金部门高级经理。她凭借专业能力与成熟经验，一路稳扎稳打，逐步做到北京分公司总经理，全权负责公司的投资业务。"这份工作最大的价值，在于借钱让企业快速发展，提升企业发展速度，扩大市场规模。"

在长达七年的高强度工作中，无论是落实自己的投资目标额，还是带领团队完成公司的投资目标，星宇推动的投资项目，全部都连本带息如期收回，没有出现一笔坏账。其中既包括内蒙古伊泰煤炭股份有限公司，也包括处于良好发展时期的汉能集团。

在企业投资领域工作多年的星宇，曾见证无数创业企业拔地而起，并实现做大做强，屡创辉煌；也见过眼热市场红利，进入自己不熟悉领域盲目投资，扩大业务线，导致主营业务荒废、资金链断裂等，最终走向落寞的企业。

对于即将或已经进入创业领域的时代弄潮儿，星宇真诚建议每一位创业者找准企业的市场定位与核心竞争力，尽量不要偏离主营业务。

人生拥有无限可能

"工作是做不完的，钱也是挣不完的，但孩子永远是你的孩子。"在三十五岁左右，家人的一番话，让星宇重新思考人生的追求。

星宇想起了在雅诗兰黛工作时的领导凯丽，一位领导能力突出、善于聆听、同时养育了两个孩子的女性。遥远的记忆像一颗晶莹的泡泡，在脑中"啵"的一声裂开，在阳光下闪耀着五颜六色的光彩。在职场打拼多年的星宇，渴望再生一个女儿。

2019年，星宇如愿以偿，顺利生下健康可爱的女宝。

面对突如其来的疫情，再加上身体需要休养恢复，星宇选择暂时留在家中，陪伴女儿成长。

人生的每一个阶段，追求和需求大不一样，尤其是为人父母后。

考虑到两个孩子将来接受国际教育的可能性较高，星宇在查阅资料时，意外了解到一家国际教育咨询公司在招聘银行渠道的项目经理。这一岗位不仅契合星宇多年工作经验，还能让她系统全面地了解国际教育领域的深度信息，为孩子的教育之路提供真实专业的信息，一举两得。

如今，星宇全权负责该公司在银行渠道上的各项工作。曾经在汇丰银行锻炼出的各项专业能力，让星宇在新的岗位上继续发光发热。

星宇感叹时间如流水一般，从本科毕业至今，二十年过去了。那个想要跟随男友出国留学的小女孩，如今已成为两个孩子的母亲。

"曾经，家人对我的选择极度不看好，认为我是在瞎折腾。相比于大部分人毕业后参加工作，然后买房、结婚、生子，我确实折腾了好大一圈。可我认为生命的意义就在于折腾。出国留学让我意识到世界很大、机会很多，只要你想，只要你去争取，一切皆有可能。

"今年春节，回老家过年的我路过烟草公司的那栋楼。对比我曾经的同事，你会发现还是那一栋楼，还是那一层，甚至还是那一间办公室。一晃二十年过去，楼慢慢老了，人也慢慢老了。这样的工作很稳定，收入也随着工作年限和职级的提升而上涨着。但我认为，衡量生命的维度，除了相差不大的长度，还有宽度。这需要个人去争取与体验。

"我们这二十年，全世界跑了好几圈，行业换了好几个，供职的企业也在不断变化。虽然不稳定，但学到了很多东西。直到今天，我依然对未来抱有期待，相信未来会有新鲜事物出现，可能是科学技术更新迭代，可能是人类登陆火星，还可能是认识新朋友，结合过去经历与自身能力创造新价值……"

关于未来，星宇重点提及对两个孩子的期待。"我一直对我的孩子们说：'妈妈和爸爸会尽力培养你们，升学也好，出国也好，都会全力支持。但人生这条路，需要你们自己摸着石头过河。**不要怕失败，人只要活着，就有无限可能。**'"

第二篇章

2008-2013年

美国加利福尼亚大学历史学教授杰弗瑞·沃瑟斯曾言：很多大国的兴起，都会完成这样两步：举办奥运会和世博会。

当世界的目光聚焦中国，
当中国成为世界第二大经济体
与全球制造第一大国，
中国学子的心，
从未如此蓬勃、自信、
激昂与自豪，
更多的人选择出国留学深造。

臧楠

自我驱动下的留学之路

亚利桑那州立大学

走出国门,
我才知道什么是真正的爱国。

2008

2008年是一个特殊的年份，1月南方雪灾、5月汶川地震、8月北京奥运会举办，一首《北京欢迎你》响遍中国大江南北。在扩大对外开放，彰显大国形象的同时，我国积极面对全球性金融危机，在经济领域推动了购房契税税率与首付款比例下调、人民币贷款基准利率和中小金融机构人民币存款准备金率下调、家电下乡等多项计划，保增长，扩内需。

从北京科技大学自动化专业毕业的臧楷，先后经历了两份工作。他虽取得了不错的成绩，却也意识到理工科出身的自己，想要在职场领域更进一步，需要更加系统地学习与拓展。留学，成为他的首选。

* 亚利桑那州立大学格雷迪·甘麦奇礼堂

知不足然后学

臧樯生在天津、长在天津,从南开小学、南开中学一路升上来。高中时,整体成绩位于天津市前 10%。2000 年 7 月,结束高考的臧樯对大学满怀期待,希望用四年时间多看多学。虽对文科专业兴趣更高,但综合未来职业发展与家人建议,臧樯选择了理工科专业。以当年北京科技大学在天津录取最高分的成绩,进入自动化专业学习。

"大学期间印象最深的是 2003 年'非典'。五一假期我回了趟家,随后接到辅导员的电话,告诉我学校因'非典'紧急封校,暂时不要返校,等学校通知。直到考试前两周,我才接到返校通知。这学期有一门专业核心课程'自动化控制原理',五一后才开课。返校后,面对崭新的教材,我通过两周废寝忘食地学习,拿到接近满分的成绩。经此一役,我不仅体会到深入钻研专业课的乐趣,也对自己的学习能力满怀信心。"

大四时,班上有近三分之一的同学选择读研,在专业领域继续深耕。臧樯因数学成绩的几分之差,与天津大学失之交臂。"失之桑榆,收之东隅。"虽然错过了找工作的最好时机,却意外获得了外企霍尼韦尔(Honeywell)的录用,从管培生做起。

从霍尼韦尔的管培生轮岗，到选定销售岗位；再到加入艾默生（Emerson），担任区域销售经理。臧橹在不同岗位上轮转，慢慢找到自己真正喜欢做的事，那就是与人打交道的工作。

✻ 在 Emerson 工作时期的臧橹（左一）

在工作取得不错成绩的同时，臧橹逐渐意识到从专业技术领域跨到销售领域，依靠兴趣和冲劲儿只可得一时，若想成长为精通产品、技术、市场、商务谈判、项目管理等多项能力的复合型人才，不仅需要专业系统的学习，还需要开阔视野，用一颗不间断思考的头脑拥抱无时无刻不在变化的世界。

为了观摩市场经济处于成熟阶段国家的企业市场营

销是怎样落地与创新的，也为让自己沉淀一下，臧槢开始自学托福与GMAT课程，并考出优异成绩。随后在王敬老师的协助下，经过专业全面的综合分析，实现科学选校、专业定校、高质申请、优质录取。

"当时，我根据目标专业做了一张院校名录，包含冲刺院校、中档院校、保底院校，王敬老师根据我的预期，为我介绍美国不同院校录取学生的要求与偏好；同时结合我的大学成绩、兴趣方向与工作经历为我定校；紧接着给我做了非常细致的背景梳理，并帮我准备材料，把控申请的整个流程。"

在超强的主观能动性与科学的申请策略的双重加持下，臧槢被美国三所高校录取。因亚利桑那州立大学坐落在美国亚利桑那州州府菲尼克斯，恰好与臧槢曾供职的霍尼韦尔企业总部毗邻。考虑到也许未来有机会去总部工作，臧槢最终决定去亚利桑那州立大学读工商管理硕士（MBA）。

比知识更重要的三次领悟

"走出国门，我才知道什么是真正的爱国。"

2008年9月，臧槢从北京奔赴菲尼克斯，这座城市位于常年干枯的盐河两岸，有一个别致的名字——"凤凰城"。

这一年，中国成功举办第29届夏季奥林匹克运动会，大国形象通过这场盛会展现在全世界人民眼前。走出国门的臧楷，第一次切身体会到"大国形象"带来的"人民尊严"。

此前，在外企工作的臧楷与部分从未到过中国的领导、同事交流时，偶尔会感受到对方不经意间流露的对中国的偏见与误解，同时，西方媒体荒谬的"中国威胁论"，让部分合作者释放出潜在敌意，态度十分不友好。

落地美国"凤凰城"后，臧楷明显感受到，自己面对面接触的美国人态度都十分友好，与之前工作时形成巨大反差。"这是进入美国后，对我认知的第一个冲击。2008年北京奥运会，让世界看到一个富强的中国。而中国的强大，真切影响着生活在海外的每一个华人。侨民也好、中国留学生也罢，他们的尊严、生活状态与此息息相关。当中国强起来,他们才真正获得外国人民的尊重、友好与认真对待。这让我产生了非常强烈的民族自豪感。"

"第二件对我产生深远影响的事，是社会对多样性的包容——'各美其美，美美与共'。世界上生活着各种各样的人，他们有着独特的成长背景，过着多种多样的生活，然后形成了各具特色的生活方式与精神价值，最终凝结成多元文化与集体人格。"

在美国生活的两年，臧楷遇见许多与他持不同甚至相反价值观的同学与朋友。与他们交往，在对比中发现差异，在差异中观照自身，看到被中式价值观塑造的自己，也看到伙伴的独特。臧樯分享道："包容需要非常强大的自我认同与文化自信。首先是完完全全地接纳自我，发掘自我的独特性；其次是重塑自信，我就是我，不一样才是我的本原；再次是勇敢地说出自己的观点与看法；最后，尊重对方表达的权利。世界有多种不同，接受它，包容它。"

临近毕业的臧樯观察到一个特别的现象。

"哪怕在我们这个时代，也还是有人为了留在美国想无数办法。"臧樯坦言，"有人成功翻身，从端盘子到入职谷歌，后来被国内大厂高薪聘任，短短十年用技

✳ 亚利桑那州立大学音乐大楼

术实现财富自由；有人落寞而归，次贷危机导致就业岗位奇缺，人才市场供给远大于需求，即使坚持了好些年，最终也没能遇到合适的工作机会……这都是发生在身边、亲眼所见的例子。"

"如果说自己没有一丁点儿留在这里工作的想法，那是骗人的。彻底改变我想法的是八十年代出国留学，此时在亚利桑那州立大学进修的华人黄耀，他用亲身经历告诉我，获取美国居民卡，将消耗人生中最宝贵的十年。如果有重新选择的机会，他绝不重走老路。"

曾经在职场上遭遇的偏见、误解，已经让臧檣不适，了解到好友黄耀在美国的经历后，臧檣意识到，"如果要用人生中最美好的十年，忍受自己可能并不喜欢的工作，以换取美国居民卡，我不愿意"。

用工作链接世界

2010年春，结束学业的臧檣回归祖国怀抱。臧檣还没开始找工作，就在一次老友聚会中，被曾供职的艾默生企业人力资源部负责人邀请回商务拓展岗位上工作，负责企业在中国区的产品管理、宣传、推广与销售，这份工作一干就是三年。

当意识到自己在商务拓展岗位上陷入瓶颈期，为拓展职业的宽度，从工业领域直销模式转到渠道分销，臧檔入职ABB集团——一家电气与自动化领域的技术领导企业，在这家将工程经验与软件技术集成为解决方案的企业内部担任渠道经理，负责ABB集团在北亚区不同国家的渠道管理与运营。

✳ 在ABB集团工作时期的臧檔

基于时代发展与市场变换，2018年，臧檔重回霍尼韦尔，负责一整条工业数字化方向的产品线，以及产品线在北亚区的全部业务，包含研发、运营、维护、销售、售后支持等。

如今，臧檔在霍尼韦尔从事工业数字化创新相关工作，带领团队研发一种工业数据采集平台，改变工业数据采集零散现状，根据客户需求将企业不同设备的数据采集到统一平台，通过全方位数据采集、数据模型搭建、数据分析，实现工业生产优化，为企业生产赋能。

工业，是国家与民族发展的脊梁。从曾经的"卡脖子"到"工业大摸底"，民族工业历经改革开放发展至今，从"中国制造"到"中国智造"，中国的工业迎来数字化发展新时代。千千万万个"臧檔"，或直接投身中国工业发展建设，或间接提供创新服务支持，在看得见或看不见的一角，为国家工业发展贡献自己的力量。（注：臧檔在外企工作，但统筹的工业数字化创新平台，可赋能各级各类企业。）

李林

自己去寻找答案

纽约州立大学布法罗分校

一个人想清楚自己要什么,
决定了他的视野高度。
一个人清晰自己能做什么,
奠定了他的起始基础。

2009

2008年，国家启动"四万亿计划"；2009年出台"十大产业振兴规划"，推出"创业板"，经济发展一路向好。通过自身努力与精准信息加持，李林顺利拿到美国高校录取邮件。在郑州大学完成计算机系大二阶段的学习后，李林收拾行囊，前往美国纽约州立大学布法罗分校求学。

"有些重要的问题，我需要自己去寻找答案。"第一次走出国门的他，在完全陌生的国家，勇于尝试，乐于挑战，用好奇心拥抱世界。正如他说："人生的路，就像小马过河，得自己蹚一蹚，才知深浅。"

寻找合适的路

2007年7月，在辉县一中就读的李林被郑州大学计算机系录取。郑州大学与澳大利亚伍伦贡大学自2004年起，经教育部正式批准设立了中澳合作办学项目，学校引进澳方的教材和优秀师资，为该项目的学生提供了良好的学习环境。李林就读的计算机科学与技术专业恰好属于合作办学的专业之一。

从大一开始，学校便安排了合作院校外籍教授授课。担任班干部的李林时常承担课件翻译、课前通告、作业管理等工作，不知不觉增加了与外籍教授的交流频次。

在学习过程中，李林在计算机相关课程上表现优异。某次，在郑州大学数学系郑教授主讲的"概率论"课堂上，他提了一个问题:"为什么计算机系的学生要学数学?数学理论、概率论和计算机之间有什么联系?"

在郑教授的课堂,李林第一次得到超越"标准答案"的回答。

郑教授预判了学生的预判,邀请毕业后从事计算机相关工作的学生进入课堂,分享工作经历,重点讲解"为什么计算机专业的学生,需要扎实的数学功底,知识被运用到哪些具体场景中",用真实工作场景拓宽学生视野,引导学生从实际出发,学好"概率论"。

经过一学期的体验,李林结合自身情况,计划申请合作院校"2+2国际本科项目"(中外学分互认项目,国内2年+国外2年,最终可获得两所院校的本科学位证书),并开始筹备雅思考试。

2008年2月春节,李林遇见王敬。看见正在准备语言考试的李林,王敬询问:"既然决定出国留学,为什么不考虑专业实力更强、周边产业群更密集的美国高校呢?"

与专业领域的人聊完,李林决定转申美国高校。

回顾准备阶段,李林坦言:"申请中,定院校是非常关键的一步。彼时我所有的准备,全部是针对澳大利亚的留学申请,对美国留学一窍不通。幸运的是,王敬老师非常耐心地为我逐一分析了申请名单上的院校——

包含综合实力、计算机专业水平、所处地理位置、城市发展现状及当地产业集群类型，让我对申请院校有了初步了解。"

优秀的李林通过自身努力，在 2009 年春季获得多所美国高校计算机专业的录取名额。收获累累硕果的同时，新的难题接踵而至。

"申请前，定校是个难题，录取后的选校更是难上加难。我同时收到三所学校的录取邮件，当时计算机专业排名最高的是俄勒冈州立大学。按照常规，大部分学生都会选择排名靠前、专业强势的院校，我的第一想法也是如此。王敬老师却给了我不一样的建议：'如果你将来准备学以致用，找对口的工作或创业，我不建议你去这所学校；如果你是准备搞研究，走学术路线，那可以。我们留学，最重要的是以终为始，从一开始就走在未来发展的路上。'如此具有前瞻性与战略性的选择，是二十岁的我完全没意识到的。"

经过综合考量，李林最终选择入读纽约州立大学布法罗分校。

需求来自真实的世界

根据波士顿咨询公司的报告，中国的网民数量在 2009 年达到 3.84 亿，超过了美国和日本网民的总和。

此时的中国互联网发生了决定性的变局，由新浪、搜狐和网易"三巨头"统治的新闻门户时代，向百度、阿里巴巴和腾讯的 BAT 时代转轨。[①]计算机行业发生剧烈变革的这一年，还是该领域"萌新"的李林刚落地纽约州布法罗，急需解决个人住宿问题。

"到美国后，每个留学生都会面临一个接一个的挑战。首先是语言的冲击，其次是文化的隔阂，再次是风俗习惯的理解与适应。生活方面，我幸运地认识了四位来自国内的留学生，解决了租房问题；适应方面，我通过参加学校社团和校外志愿者组织适应校园环境，融入当地社会；专业方面，学校多元的课程给我打下非常扎实的基础，假期实习让我对少年时的梦想职业'游戏开发工程师'祛魅，学校组织的团队项目则让我和同伴将想法付诸实际，获得专业认可。"

在布法罗读书，让李林成长为更好的自己。他回忆道："纽约州立大学布法罗分校的计算机专业有着非常完整的培养体系。课堂上的项目式学习，类似公司团队模式，四到五人设计一个产品，从立项调研到产品设计，从策划到落地，从方案到编码，以及过程中的项目统筹、内外部资源协调，再到最后的成果展示与推广，都由团

注释

[①] 吴晓波：《激荡十年，水大鱼大：中国企业2008—2018》，中信出版社2017年版。

＊ 纽约州立大学布法罗分校

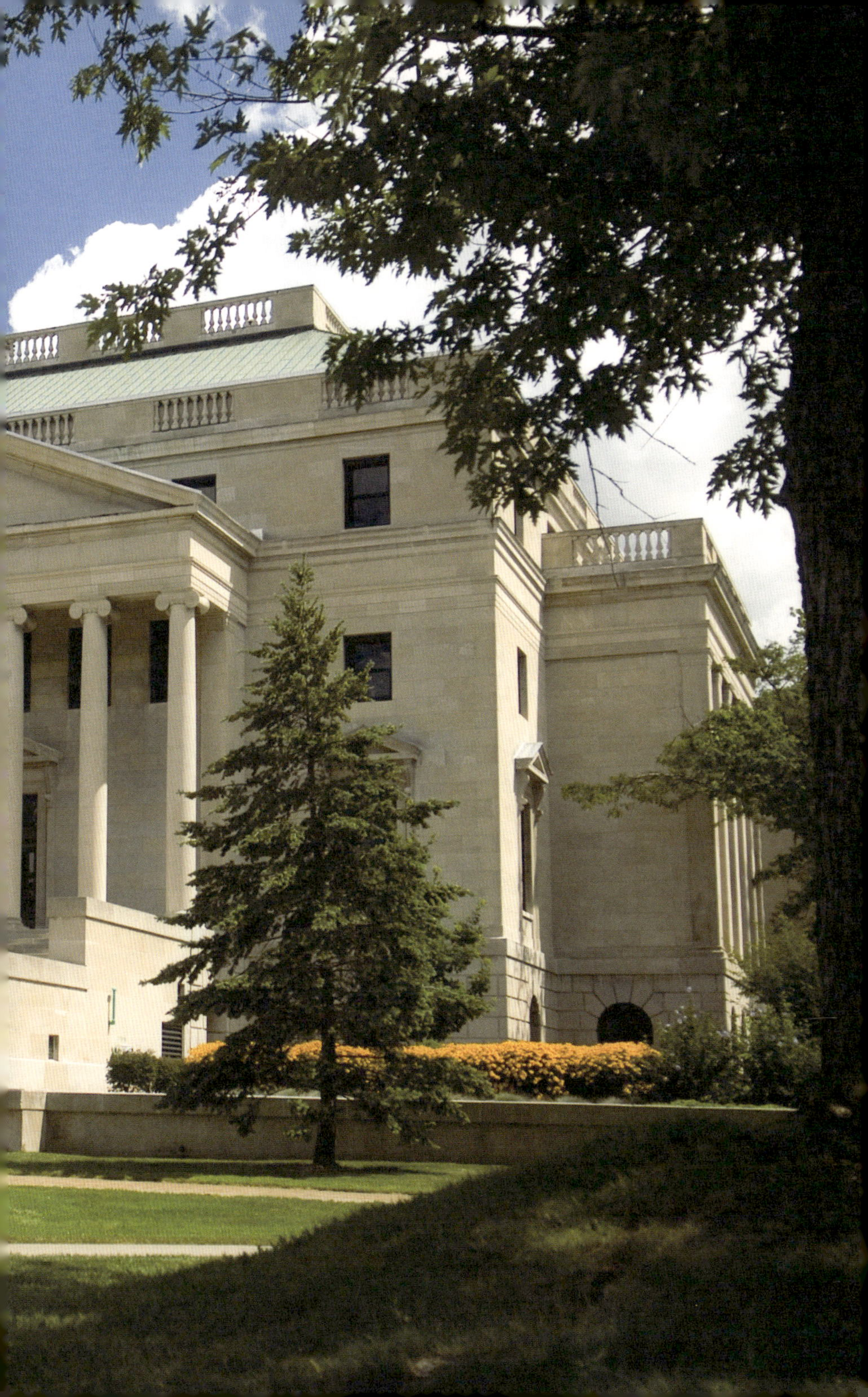

队分工协作。我们当时设计的医疗助理信息化相关产品，获得了谷歌资深项目工程师的肯定，对方还邀请我们到谷歌参观。

"学院每学期会邀请四到五名知名校友——他们或在某家科技公司任职、从事计算机相关领域工作；或博士后在读，做计算机科学领域相关研究——到系里进行分享，为学生答疑。高质量分享会让我结识了众多优秀校友，聆听他们前行道路上遇见的鲜花与荆棘，看见人生的多种可能性。同时，汲取前人经验，结合自身能力范围与兴趣，为自己规划出更匹配的职业发展之路。

"受印度裔教授宾娜'**需求永远来自真实的世界**'的观点影响，对于未来，我更倾向于跳出校园环境，在美国计算机行业的大环境里学以致用。"

时间转眼来到2011年底，临近毕业的李林找到一份与计算机相关的实习工作。同时，为了更深入地体验当地的风土人情，李林开始白天远程实习、晚上兼职送外卖的生活，用实际行动寻找融合的契机。

人生就是不断地从零开始

连李林自己也没有预料到，毕业前的实习工作，竟然一干就是四年。四年来，李林在公司内部辗转多个职能部门，练就集售后支持、前端咨询、方案设计、商务

＊ 纽约州立大学布法罗分校（冬）

谈判于一身的综合能力，并于 2015 年春天，升任咨询管理岗，前往中国开拓软件服务市场。

"此时，除了一家仅邮件建联的意向客户，和几位多年未见的朋友，我在北京什么资源和人脉都没有。飞机在首都国际机场落地的那一刻，'一切从零开始'的想法再次涌上心头。"李林感慨道，"上一次产生类似想法，还是自己初到布法罗，拎着行李箱无家可归，孤零零一个人在街边找落脚点的时候。"

尽管人生地不熟，李林仍凭借出色的商业谈判功底、扎实的技术底子、成功的服务案例与娴熟的支持经验，在完全陌生的北京市场快速打开局面，为公司树立了良好的口碑形象。紧接着飞往上海、广州、深圳等多个城市，持续开拓市场，并筹备组建各地工作室。

在一次次折冲樽俎、你来我往的商务洽谈中，在一段段精益求精、为企业绩效与管理赋能的合作中，李林磨炼出独当一面开新局的领导力，不仅升任企业"合伙人"一职，将工作重心从美国转移到中国，更将这份工作转化为热爱的事业。

2018年初，李林因理念差异离开了供职六年的企业。在人生面临转弯的关键时刻，曾指导他留学申请的王敬再次担任导师角色，问了他一个问题："你是想给别人打工挣高工资，还是想自己当老板扛风险？"

一个人想清楚自己要什么，决定了他的视野高度。

一个人清晰自己能做什么，奠定了他的起始基础。

"'势无定势，水无常形。'能力、经验、技术都可以学，关键是想清楚自己内心真正倾向的路。"王敬的话，引发李林深入、持续的思考，最终决定做自己想做的事。

恰好之前服务的律所客户的合伙人兼好友离职，新入职的公司遭遇系统信息泄露，急需专业人士支持。本着帮朋友忙的想法，李林迅速飞往北京解决这一难题。

这家律所后来成为他创业后的第一家客户。

"严格意义上讲，我其实不算真正的创业，只是从零开始开拓新市场、新客户，继续做自己擅长的事。"六年行业积累、服务专业精细，叠加业内好口碑，使李林的企业蒸蒸日上，不仅营收增长超预期，还有投资人挥舞着钞票前来洽谈投资。

"对我来说，敬哥是我留学与创业道路上极其关键的引路人。我时常从他身上吸取到宝贵经验，例如：'将冲劲儿化作创新动力''保持谨慎的乐观心态''签约意味着新的责任''时刻保持饥饿感与危机感''持续学习'……面对心生摇摆的我，他通过持续提问，引导我说出自己的疑惑、矛盾与推测，在自己的头脑中找到答案。资本对我的影响归于寂静，让我更加明确'为自己工作'的初心。"

如今，李林将上述宝贵的企业家精神内化于心、外化于行，在创业的道路上持续创新，用"小而美"的产品与智能服务，持续为中国法律行业信息化建设与发展贡献力量。

"进取源自保持饥饿，成功在于守住初心。"

"Keep struggling, keep dream-chasing!"

常小常（化名）

用热爱拥抱戏剧梦想
凡心所向，素履以往

波士顿大学

二十岁：在那一刻我输了，我清楚地知道，我的命运改变了。

三十岁：知道未来仍在自己的手里，这便是人生的意义。

2010

在家庭环境的耳濡目染下,常小常格外喜爱文艺。高考后进入中国戏曲学院学习,在大二时萌生了去英国继续深造的想法。那里不仅有戏剧天才莎士比亚,还有表演艺术的国际舞台伦敦西区,更有迥异于中国传统戏剧的新内容、新形式。带着对戏剧艺术的热爱与追梦热忱,常小常着手搜集信息,同时备考雅思。

恰逢家人来京,与常小常一同聆听专业老师的建议。"当时还以为那是生命中普通的一天,后来回想,人生在做出选择的那一日就已改变。"正是这次谈话,改变了常小常的留学方向、实习工作,以及未来的一切。

将不可能变为可能

在中国戏曲学院就读的常小常,课余时间会和同学一起参与国家大剧院短期项目,协助剧团完成筹备工作,为"将作品以最佳状态呈现给观众"贡献一份力量。寒假期间,常小常进入当地电视台实习,协助领导筹备台里的春节联欢晚会,从创意到落地,从编排到舞美,从摄影到灯光……常常领导几句指令,常小常便一遍一遍地调试,一个细节一个细节地打磨,只为呈现出更好的舞台效果,将精彩的节目带给观众。

热爱戏剧艺术的常小常,经过多次实践锻炼,渴望沉浸式体验其他国家的戏剧魅力。彼时,更看重文化底蕴与艺术氛围的常小常，更倾向于去英国读研，家人则希望她进入美国高校。适逢家人来京，常小常与家人决定找专业老师聊一聊，获取更加精准全面的信息，在留学国家和院校选择上，达成一致意见。

"那日的会谈，即使过去十五年，我依然记忆犹新。"常小常分享道，"王老师认真听完我想去英国留学的原因，进行了非常中肯的分析，虽然英国有一座戏剧高峰莎士比亚，但英国没有百老汇、没有好莱坞、没有广阔的艺术市场。因此，无论是从戏剧艺术专业的就业环境，还是从未来的发展空间来说，去美国读研都对我更加有利。当父亲谈到希望我读博时，王老师则从专业属性出发，指出我的专业更偏实践性，不但需要一定的综合理论积累，更需要在真实工作中锻炼成长。"

"在那一刻我输了，我清楚地知道，我的命运改变了。"彼时的常小常，心灵还处于吸吮雨露、扎根生长的阶段。在这场关乎未来三年的辩论中，常小常尚未积累下足够的力量来坚定自我选择。同家人往回走的路上，灰蒙蒙的天空下着湿漉漉的小雨。

那次沟通之后，常小常开始为留学美国做准备。她在保质保量完成专业课程的同时，一边准备托福考试，一边从零开始学习GRE。

"与初期就确定去美国留学的同学相比，摇摆不定

*工作现场

的我整整晚了一年，大三才开始准备各项考试。培训老师听到我计划用两个月备考 GRE，直呼'这是一件不可能的事'！**世界上最有效的捷径，就是竭尽全力。**"为了考出满意的 GRE 成绩，备考过程中，常小常缩短每日睡眠时间，全身心投入学习之中。

每一颗为梦想全力以赴的灵魂，都闪烁着耀眼的光芒。从盛夏开始复习，至 12 月完成提交，常小常的辛苦付出，换来数所美国高校的赞赏与录取名额。考虑到波士顿大学的综合排名更靠前，学校位于毗邻查尔斯河的马萨诸塞州首府波士顿——美国最古老、最有文化价值的城市之一，城市内剧团演出活动丰富，艺术领域资源云集，艺术文化与城市融合程度高，十分契合她的专业学习与未来发展，常小常决定前往波士顿大学艺术管理专业就读。

从波士顿到纽约的梦想之路

首次在异国他乡生活的常小常，第一年与四位中国同学合租。在学习适应阶段，课堂上的授课内容，她只能吸收百分之八十左右；阅读材料时，她才看到三分之二，其他同学已经翻页了；小组讨论时，大部分同学是参加工作后重返校园的，他们带着丰富的经验与阅历重新进入课堂，不仅畅谈工作中的真实案例，还能十分融洽地互相探讨……上述种种情况，让本科阶段语言优势突出、学习能力出色、成绩表现卓越的常小常，在适应过程中产生了轻微的不自信，偶尔用沉默来保护自己。

但仅在非常短的时间内，常小常便意识到这样的状态是不好的，于是为自己定下每堂课发言一次的目标，主动深度融入教授的课堂，不仅在喜爱的"艺术管理"课程中，积极分享收获与思考，还在课程结束后，用一封感情真挚热烈的邮件向琳达老师表达了喜爱与感谢。

琳达是常小常在波士顿大学读书期间对她影响最大的教授。她本人不仅在波士顿大学任教，同时还在多家剧团负责舞蹈相关工作。第一堂课上，琳达教授会认真记下每一位学生的名字；填写资料时，看到学生没有动笔，会主动询问是否需要帮助；邀请学生观看她参与的剧目演出，开阔视野；还会在学生实习或求职阶段，积极引荐资源。

* 重返课堂（琳达老师）

研一暑假期间，常小常主动加入英国暑期交流项目，跟随全组二十余人飞往英国伦敦，进行为期三周的研究学习。

在这次行程中，常小常感受了英国教授的授课方式，观看了莎士比亚戏剧（古英语版），进入伦敦西区欣赏现当代英国土壤下产生的戏剧，与教授、同学对每天观看的戏剧进行分析讨论。不少美国同学反馈："你的独特见解常常启发我。"

为期三周的行程，不仅让常小常欣赏了英国古典与现代的精彩戏剧，感受了当地的艺术氛围，初步体验了英式的艺术教育方式，还让她更加清晰地认识到，家人让自己前往美国高校学习，确实是更优选。

回到波士顿的常小常，在百分之两百的精心准备下，顺利获得波士顿百老汇的实习机会，在市场部下辖的团体票部门承担客户服务工作。一位中国同学听了常小常的实习内容后，惊呼道："你好厉害啊！现在让我打电话咨询一件事，我都担心自己说不明白。你竟然能当客服给人家讲清楚，这是一个多么大的挑战。"

事实也正是如此。常小常的工作内容不仅包含接听客户电话，根据客户需求操作下单，还常常需要随机应变，处理特殊情况。哪怕现在已经在十余年的工作中百炼成钢，常小常仍感慨道："现在再让我回去做这份工作，我仍觉得有一点挑战。"

从热爱处生根发芽

每个专业的学生心中都有一个圣地。若说金融专业的学生向往摩根士丹利、高盛集团，那在戏剧艺术专业的学生心中，纽约百老汇是当之无愧的梦想之地。这里

✳ 波士顿大学标志

汇聚着众多的剧院,是美国戏剧和音乐剧的重要发祥地,更是西方戏剧行业的巅峰代表,昭示着最高级别的艺术成就和商业成就。

※ 毕业了

常小常笑着回忆道:"那时的自己为热爱孤注一掷,在一切未知的情况下独自搬来纽约。曾为房租发愁,为求职仓皇,为工作苦恼,被家里的蟑螂老鼠吓得嗷嗷叫,再硬着头皮跟它们战斗,没出息地掉过许多泪。后来回想,竟那样奢侈与美好。"

从中国戏曲学院到波士顿大学,从波士顿百老汇到纽约百老汇，常小常凭借突出的专业能力与实习期的出色表现，顺利进入美国百老汇三大剧场集团之一的倪德伦集团。在工作上，常小常策划执行了与中国文化部合作的"文化贸易与产业交流"项目、"Broadway Rox"2013年中国巡演项目，同时参与《永恒的探戈》《燃烧夜》《十里红妆》等经典剧目的接洽及媒体工作。工作之余，"观戏饮水饱"的常小常沉浸在百老汇众多剧院的精彩演出中，流连忘返。

2014年，常小常遇到来倪德伦集团谈合作的IDG资本创始董事长熊晓鸽，同样毕业于波士顿大学的他，想要将类似Tanglewood音乐节的模式带回国内，在中国举办同样创意的大型音乐节。对Tanglewood音乐节同样感兴趣的常小常4月回国，5月加入IDG团队，同年跟随王威老师团队落地2014长城森林艺术节。

在紧急筹备的两个月里，工地、盒饭、对讲机，成为常小常的工作标配。2014年7月，音乐节顺利在北京市延庆区水关长城脚下的探戈坞音乐谷举办，此后在北京市延庆区扎根，每年举办三到四场，延续至今。

在这份绞尽脑汁出创意、挥洒汗水跟现场的工作中，常小常培养出更加成熟的商务谈判、策划执行、现场统筹、国内外业务对接能力。如今，受琳达教授"艺术教育"课程影响的她，加入一家教育公司，在新的领域持续发光。

关于未来，常小常分享道："**知道未来仍在自己的手里，这便是人生的意义**。十分感谢在旅程中，给予我宝贵建议，时刻为我忧心，不间断鼓励我的人们。是你们，激励我一路追寻梦想，不断向前！"

张鸣

跟随时代前行

纽约州立大学布法罗分校
& 伦敦大学学院

人生何处是归途，
吾心安处是吾家。

2011

距离中国加入世界贸易组织，十年弹指一挥间。自 2010 年起，中国制造业连续位居世界第一。2011 年，重点领域实现神八上天、蛟龙下海；与此同时，私募资本市场急速扩容，互联网在潜移默化中，全方位改变了人们获取信息、购买商品、享受服务的渠道与形式。成长于中国高速发展时代的中国学子，渴望向全世界学习并付诸实践。

2011 年，就读于安徽农业大学金融系的张鸣，通

※ 纽约州立大学布法罗分校

过自身钻研与专业老师协助，顺利获得多所美国高校的录取名额，综合评估后前往纽约州立大学布法罗分校就读。这一时期，美国院校的金融专业深造路线多为本科、MBA、PhD，开设金融学硕士专业的一流商学院数量不多，且跨度较大，上有麻省理工学院、普林斯顿大学，随后就是罗切斯特大学、伊利诺伊大学厄巴纳—香槟分校、马里兰大学等。走好留学第一步，张鸣选择从成为"留学百科"开始。

第一次接触留学

2007年6月，张鸣刚刚结束高考，与家人焦灼又期待地等待着分数。相比于往年，安徽省在2007年开始进行高考志愿填报改革，取消沿用多年的估分填报志愿模式，转变成先出高考分数，学生再根据分数和排名填报志愿。因预判失误，张鸣的志愿出现"撞车现象"，惨遭滑档，几乎到了无学可上的窘境。

恰巧彼时法国公立高校团来国内巡回招生，其中一站正是合肥。了解到这一信息的张鸣与父亲在指定时间、地点参加了学校组织的笔试与面试，随后收获三份录取通知单。张鸣回忆道："当时，家里前几天还在谈论我大学要报哪个省的学校、学什么专业，突然就要去法国读书了。突如其来的变化，让家里人接受起来有一些困难，想再争取一下国内的大学。我便这样来到我的母校安徽农业大学。"

大一下学期，拥有转专业机会的张鸣在彼时众多热门专业中，选择了经济学类。张鸣分享道："我国加入世界贸易组织后，对外贸易发展得尤为迅猛。所以我读大学那会儿，国际贸易等经管类专业最热门，入读难度极高。我的想法比较简单，既然可以重新选择，一定要选一个门槛最高的专业。因不熟悉国际贸易专业，所以在经济学大类进一步细分时，选择了金融学专业，也算是跟着时代的发展走。"

这一时期，"持续对外开放"让世界开始关注中国，了解中国，与中国合作共赢；"加入世贸组织"让中国与全球贸易网络互联，持续扩大货物和服务的生产与贸易；"走出去"留学方针引领一批批中国学子奔赴世界，学习各个领域的前沿知识与技术。与此同时，在高速发展的背景下，中国家庭经济水平持续提升，使大学校园里心怀远大抱负的学生，有条件、有渠道、更有能力实现海外深造。

与法国公立高校团的接触，让已在金融学专业就读的张鸣萌生了出国读研的想法，于是他一面学习专业领域知识，一面为出国读研做准备，其间还遇见一位对他留学申请帮助颇大的老师。

接下来的一整年，行动力超强的张鸣，在GMAT、托福考试中顺利取得高分，加上本就优秀的本科GPA，最终获得七所美国商学院的录取名额。

面对七选一的困难，张鸣详细解释："我们当年的梦校，在今天看来比较一般。其中一个原因是，当年招收金融学硕士的美国商学院存在断层情况。2007年的美国商学院里，比较常规的升学配置是本科、MBA、PhD，单独设立金融学硕士的第一梯队院校只有普林斯顿大学、麻省理工学院（第二年招生），紧接着是罗切斯特大学、伊利诺伊大学厄巴纳—香槟分校、马里兰大学等。考虑到自己毕业后准备回国参加工作，最终选择了学校知名度与专业实力都不错，学费相对便宜，拥有时任中国工程院院长周济、百度创始人李彦宏、中芯国际创始人张汝京等知名校友，校园环境超出预期的纽约州立大学布法罗分校。"

选择它，其实还有更深一层的原因。张鸣坦言："我心里明白，硕士阶段会是我重要的一段成长经历，但它可能不是我求学的最后一站，没有必要在当下就倾尽积蓄选择一所排名更高，但也更加昂贵的私立研究型大学。再加上我特别喜欢带湖的校园环境，而UB（该校简称）有两个湖，于是非常愉快且迅速地做了决定。"

这一去，一个新奇的世界在张鸣面前打开。

人生的路，每一步都算数

进入纽约州立大学布法罗分校学习，张鸣清楚地认识到："本科阶段的学习，为自己打下相对扎实的基础。然而，从理论到实务，从模拟到真实，自己才刚刚摸到金融的门。"

学院设置的每一门课都对应着金融领域中某个特别细分的方向，以"固定收益"课程为例，教授讲解的专业内容极为系统，实操则直连花旗银行的平台，与花旗银行固定收益部门员工的工作内容一致。此外，还有复杂金融工具、金融建模……张鸣不仅全面地吸收了多个细分领域的知识体系，还在项目实操中得到了锻炼。

在这里，拥有多元背景与独特经历的教授同样让人印象深刻。例如，教"固定收益"课程的教授是俄罗斯裔，青少年时期亲历过某大国的解体；教"复杂金融工具"这门课的教授，是罗马尼亚人；教"金融建模"的教授甚至是索马里高官夫人，有一次因为祖国突发意外情况，不得不将课程延期……处在如此多元的人文环境中，张鸣用尊重与欣赏缔结友谊，不仅课程学习十分出色，还与同学结伴而行，用双脚走遍美国。

谈及爱好，张鸣爽朗地说："读研期间，我去过挺多地方，像黄石国家公园、科罗拉多大峡谷、尼亚加拉瀑布……有时和同学一起出发，有时一个人背包独行。当时心里就一个想法，多走、多听、多看，在有限的时间里，看遍各地风土人情。"

仅用一年时间，张鸣便修完金融学硕士专业全部课程，并获得后来成为摩根—士丹利财富管理部门的Smith Barney 的录用名额。考虑到彼时美国 H-1B 签证政策尚未改革，金融学专业尚不算 STEM（工程类、数学、计算机科学、自然科学等领域）相关专业，仅有 12 个月的 OPT

时限（STEM 相关专业的 OPT 时限为 36 个月），加之国内职场的各项应届生政策，毕业后的张鸣，在那一年夏末启程回国。

回国后，张鸣顺利进入职场，在此经历了每一代青年人都会经历的挫折与迷茫，从而磨砺出一颗强大包容的心。

躬身入局，挺膺担当

回国后，张鸣的工作先后涉及管理咨询、互联网和创投领域。在社会前行的大潮里翻滚，在不同领域的岗位上历练，在社会需求与自我期望中清晰认知自我，知不足然后学。

* 毕业典礼

　　工作后,张鸣分别在2014年进入中国科学院大学学习MBA专业知识,2018年前往英国伦敦大学学院深造,进一步学习MBA、数字科技与公共政策领域的专业知识。同时,他走进联合国世界粮食计划署在欧洲的几个中心机构,及其服务的中东国家,用实地调研与团队协作,完成"区块链技术与隐私保护"咨询报告,帮助世界粮食计划署实现工作上的科技赋能。

　　回顾这一历程,张鸣首先分享道:"上述项目,是我在伦敦大学学院读研时,与小组成员协作完成的毕业设计项目。在伦敦大学学院学习,有的课程直接将课堂设置在伦敦市政厅内,我们会直接面对官员,通过各种形式的互动,深入了解伦敦某些公共政策的制定动机、目标设定与决策流程；有的课程会设计英式辩论，让我们体会不一样的政治博弈方式；还有的课程会让我们模拟公共部门职员，在专业的演播厅接受记者的采访和质询。选择毕业设计项目时，我们小组更倾向于为世界粮食计划署服务。在项目进行的过程中，小组成员飞往世界多地进行实地调研，整合专业知识与各项资源，为世界粮食计划署提供了长达几十页的专项报告——用前沿的区块链技术与生物识别技术赋能组织的援助工作和信息保护工作。第二年世界粮食计划署拿到2020年诺贝尔和平奖，小组同学偶尔笑称：'我们是不是可以在简历中写参与过诺贝尔和平奖项目？'"

在中国科学院大学的MBA创业班的学习经历同样让人受益匪浅。张鸣分享道："我在2014年入学，当时班级有一项改革，除了部分同我一样通过笔试加面试进来的学员，还邀请了中国科学院下辖的不同研究所的研究员和博士生一同入学。此举旨在支持更多优质科研成果市场化，希望研究人员将理论成果转化成服务大众的科技产品，同时将商业收益投入新一轮创新创业中。我深刻感受到，在这里不仅系统地学习了创业相关的专业内容，还与如此多专业领域的优秀同学相识，为未来投融资工作积累了极其丰富的人脉资源与专业领域咨询机会。此次进修，同样是我职业发展道路上的宝贵财富，让我受益终生。"

从安徽农业大学本科毕业后，或求学，或工作，让张鸣在国内外多个国家及地区，漂泊了太久太久。曾收获的知识与技能，在多年的工作中内化为身体的一部分，如血液、如肌理，早已不可分割。"**人生何处是归途，吾心安处是吾家。**"如今，张鸣在家乡某证券公司从事资管工作，且非常幸运地与相爱的人组建了幸福美满的家庭。

关于未来，张鸣正在放缓脚步，享受家庭生活的同时，沉下心来认真思考。他希望未来结合自身优势与积累，整合各领域资源，做一些自己真正想做的事。**唯心不易，日日自新，**他期待实现从量变到质变的那一天。

* 阳光下的威尔金斯楼

魏唯（化名）

多国留学后，用语言共建中外交流媒介，讲好中国故事

米兰大学 & 约克大学

与优秀者同行，
就像宇宙中的恒星，
交相辉映，
闪耀在同一片星空。

2012

来自河北承德的魏唯，中学阶段便决定出国留学。对她来说，相比于根据录取结果按部就班地升学，更愿意将人生的主动权把握在自己手里，自主选择以怎样的方式度过高中三年。恰好亲人在瑞典工作，考虑到此地的教育水平名列前茅，教育资源丰富，自然与人文环境出众，魏唯也对瑞典独特的教育制度怀有好奇，于是在家人的支持与老师的协助下，魏唯在 2012 年获得瑞典一中学的录取名额，在暑气未减的初秋，前往陌生中透着新奇的国度，开启新生活。

将主动权掌握在手里

"对自己的选择负责，对自己的人生负责，是家人教会我的第一件事，也是最重要的一件事。"魏唯将胳膊搭在白色的桌子上，背轻轻靠着黛蓝色的圆椅，将少年时的选择与经历娓娓道来。

"我非常幸运，有一对开明的父母。在人生大方向的选择上，基本都是自己决定。进入瑞典高中后，不仅交到了最好的朋友，还格外喜欢这里的教学形式。课堂以讨论为主，学习以探究为法，学校注重对我们个性、禀赋和独立思考能力的培养。那时的我，每天保证充足睡眠，课上学思结合，课后参加丰富的活动，在合作与共享中探索真实世界中蕴藏的自然奥秘与真理之美。这

※ 课外足迹

段中学时光,就像夏末傍晚湖面上吹来的风,清朗不燥,带着太阳的丝丝余温与湖水的绿意,轻轻拂过脸颊与手臂,让人感觉格外幸福。"

魏唯格外钟爱意大利的历史底蕴与文化特性,于是在申请大学时选择了意大利的高校。相比于高校的全球排名,魏唯有自己独到的思考。

"在决定大学院校与专业前,我曾反复思考过两个问题:一个是对我来说,什么是最重要的;另一个是在四年大学里,自己最希望收获什么?知识?朋友?还是……经过深入思考,十八岁的我,找到一个简单却朴实有用的答案。"

魏唯眼眸澄澈,用不徐不缓的清朗嗓音,将朴素的思考过程娓娓道来:"观察我身边的亲朋好友,他们遍布世界各地,从事的工作与曾经所学专业截然不同。从他们身上,我意识到收获分门别类的知识固然重要,但世界与人生充满流动性,如何用三到四年的时间,初步形成一些个人的人生理念,培养出与自己性格、志趣相匹配的行为模式、思考模式、学习方法,更为重要。在人生价值的追求上,我是一个很自洽的人。在'幸福的生活'与'焦灼的奔跑'之间,我更倾向于选择前者。希望未来与家人相伴,从事一份有价值、能帮助到他人的工作。"

秉承"先苦后甜"理念的魏唯，经过科学规划与个人努力，最终被心仪的米兰大学商科专业录取。2016年初，魏唯经伊斯坦布尔转机，飞往米兰——一座以时尚与商业闻名于世的城市，开启为期八个月的意大利语强化集训。不仅为即将开启的大学生活夯实语言基础，也为未来的职业选择增添"多语"优势。

挫折与成长

从中国到瑞典，再到意大利，魏唯的求学之路在旁人看来精彩纷呈。她不仅拥有多元的跨文化体验，还先后经历了不同国家的培养体系，感受过众多优秀的教学模式，在多文化交汇经历中逐渐成长为具有全球视野及国际沟通素养的国际型人才。然而，在我们看不见的地方，努力才是使魏唯变得如此优秀的唯一途径。

在米兰大学读书时，魏唯首先在自己擅长的统计课上遭受打击。一直以来，都是她给意大利同学补习数学，结果自己的考试成绩不仅没有达到预期，甚至只拿到一个飘过分数。从哪里跌倒，就从哪里爬起。魏唯随即集中精力复习，最终考出一个让自己满意的分数。

另一门让魏唯全力以赴的课程是商科"公法"。这门课包含三千条法律条文，考试分为笔试加口考，口考由十一位考官分别考校。考生不仅要准确表述法条内容，还要举例分析。据魏唯了解，这门课程三年来仅有一位中国同学通过考试。

面对"绝境开局"，魏唯提前开始学习，同时陆续搜集多位考完同学的考试内容，通过画树状图系统梳理课程重点，在多次重复出现的"真题"基础上圈出难点。步入课程学习的关键时期，魏唯每天早上六点起，学到凌晨两点才睡，坚持了整整两个月。化压力为动力的她，不负努力，终于通过"公法"考试。

谈到这段经历的收获，魏唯微微一笑，彩虹般的眼眸中，流露出自信又坚定的神情。"统计这门课，让我明白'坚持就会有结果'；难度颇大的公法课，让我确信'努力就会有结果'。我在乎的不是成绩单上的分数，而是其背后反映出来的一个人面对困难与挫折时的态度、行动与恒心。一帆风顺的局面谁都可以驾驭，关键是遇到困难时，是顺势匍匐，还是借东风一场，破局而出。"

繁忙的学业之余，魏唯还在米兰时装周期间，帮助艺术专业的朋友处理部分现场事务，为担任美妆造型师的朋友遴选模特，等等。另外，魏唯从大一开始，便在好友的介绍下，接触到中文教学工作。从最初的岗前集中特训，到能够独立一对一线下教学，再到疫情防控期间线上小班授课，教中文的工作，魏唯持续进行着。

"学生的反应代表一切。"魏唯将具体的细节娓娓道来,"我们的课堂全程中文授课,听起来很简单对不对?想象一下用英文教英文,用意大利语教意大利语,当学员的认知和语言表达水平不一致时,难度可不低。偶尔有机会观摩优秀老师现场授课,明显感受到对方的课堂效率更高,学生学到的更多。对比之下,自己还需要继续学习,不断精进教学能力及技巧,带给学生更高质量的课堂。"

与优秀者同行

春风过数巡,时光易匆匆。转眼间,魏唯从米兰大学毕业。回顾大学时光,最让魏唯印象深刻的是一场独特的集体旅行。

彼时,一位即将毕业的学长,准备召集朋友来一场毕业旅行,魏唯有幸加入。这个仅有七个人的小组,会集了来自不同专业领域的人员。有人毕业于电影学院导演专业,有人研究航空航天领域、水下机器人、核领域,还有人从事建筑设计……在这场环意大利旅行中,魏唯明显感受到主修不同专业的人,生活果然不一样。

"这次出行,基本上旅行中可能存在的问题、麻烦,

校园旁的教堂一角

可能经历的趣事、奇事，我们都体验遍了。有幸在这场旅行中，交到各有所长、同样优秀的朋友，吸收不同领域的信息，了解他们的思考方式，这对我来讲是最快乐的。"魏唯笑着分享了一件途中趣事，"你知道大家一起做什么吗？钓了两天两夜的鱼。钓的时候一句话也不能说，还被蚊子叮了满身包。"

此次同行的好友，在完成深造后，大多选择回国参加工作。有人进入国内相关高校，研究教学两手抓；有人加入国家单位，从事相关领域的科研工作；有人汲取文化力量，继续艺术创作……

与优秀者同行，就像宇宙中的恒星，交相辉映，闪耀在同一片星空。

毕业之际，恰逢疫情席卷全球，身处国内的魏唯，一面继续线上中文教学工作，一面在家人的建议下，将读研规划提前了。经过自己的细致准备与老师的申请策略助力，魏唯顺利获得多所英国高校商科研究生的录取名额。更愿意亲近自然，了解真实英国乡村的她，选择了约克大学。在这所崇尚体育与音乐，水系丰富，将古典与现代巧妙融合于一体的大学中，魏唯度过了非常有价值的十八个月。

除了为专业课程与毕业项目忙碌，魏唯仍持续做着中文小班教学工作。这一年来，更多英国学员走进魏唯的中文课堂，在听、说、读、写训练与实际应用中，教的人创新教学形式，学的人兴致盎然，双方协同进步。

用对外汉语教学联通中外

从约克大学顺利毕业后，魏唯选择回国。

先后接受过中、瑞、意、英四国教育的她,专业所学虽然是商科,却在多年的海外求学中,逐渐爱上为身边的外国友人分享中国文化,如汉语、汉字、中国城市特色……也在数年愈加系统专业的对外汉语教学中,认识到自己传授给学员的内容,不仅仅是一门语言,也是讲好中国故事,联结中外,加强友好沟通的重要媒介之一。

于是,回到国内的魏唯决定在对外汉语教学岗位上发光发热。

说起自己无比热爱的领域,魏唯原本倚靠在椅背上的身体倏地挺直,目光炯炯,欣然分享道:"国外的孩子偏古灵精怪,教学内容与上课形式好玩儿有趣,他们才更愿意学。而如何把课上得引人入胜,在突破教学过程中的重难点,提升学生汉语水平的同时,间接促进他们认知水平的提升,是我接下来重点探索与实践的方向。"

随着全球化趋势在各个国家及地区,以及各行各业的加速,我国经济发展对世界的影响也越发深远。如今,越来越多的外国友人,愿意主动接触中国文化,学习中国语言,逐步深入了解这个拥有五千年璀璨文明与悠久历史的国度。随着交流渠道越来越丰富,世界的联通也愈加紧密。在新的时期里,越来越多的"魏唯",

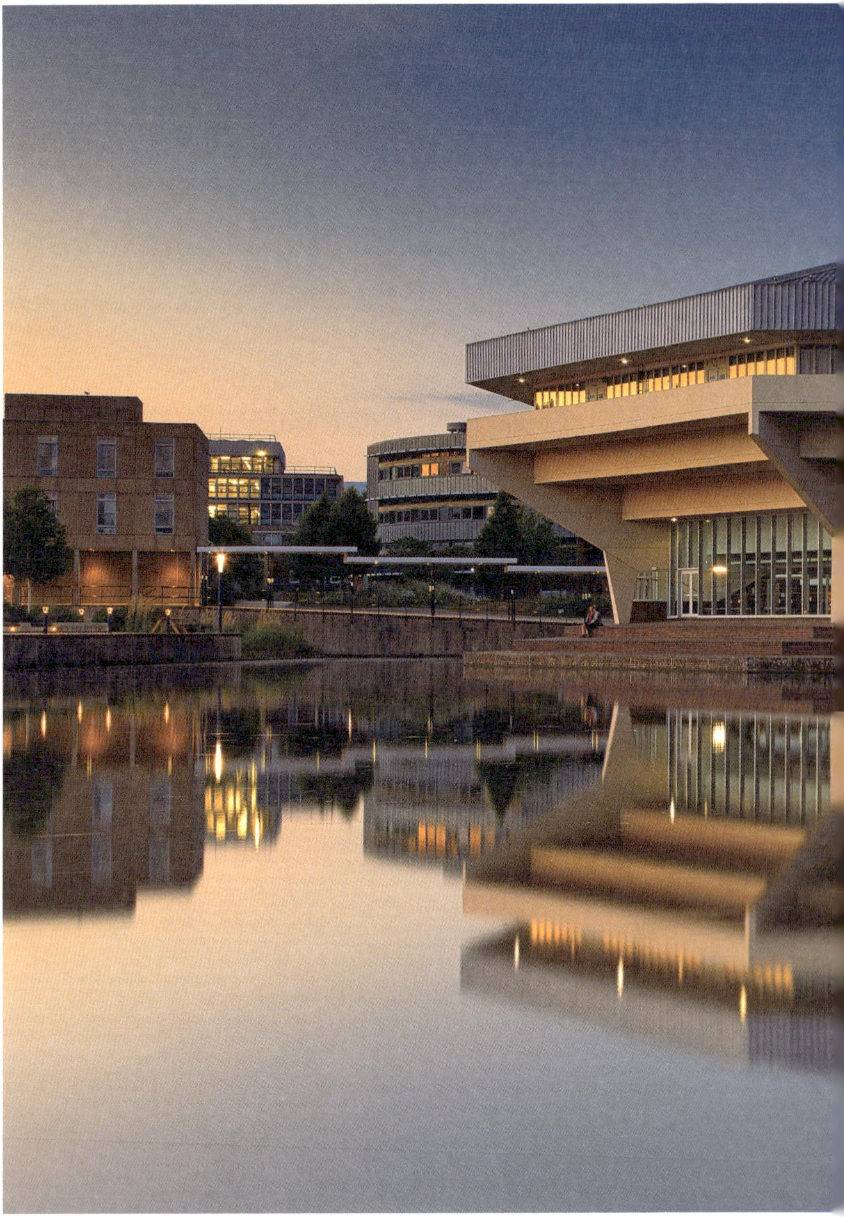

＊ 英国约克大学中央大厅

借助多语优势与跨文化理解，从事对外汉语教学工作，在一定意义上承担着联通中外，共建交流媒介的重要使命。

大大的世界原野之上，小小的种子落下，只待一场隆隆春雨，草木蔓发，春山可望。[①]

参考资料

① 唐·王维《山中与裴秀才迪书》。

Vincent

跟着时代的春风走

哥伦比亚大学

每一个离家的中国孩子
虽身在万里之外，
但此心如月，明明可鉴。

2013

来自江苏无锡的 Vincent，先后在湖南大学、美国俄亥俄州立大学与哥伦比亚大学就读，是千禧年后中美关系向好时期走出国门、求学深造的代表学生之一，同时也是国内金融业改革措施密集出台时期，主动进入金融领域，开拓奋进的代表学子之一。回顾十数年的成长之路，Vincent 用"跟着时代的春风走"，为自己一路求学、工作与成长做了恰如其分的诠释。

＊ 哥伦比亚大学

当机会近在眼前

2012年暑假，刚刚结束大三课业的Vincent在中国银行实习，工作忙碌而充实。某天，一同参加实习的同学指着街旁的建筑，示意Vincent看过去。"那是一家留学服务中心，要不去看看？"这句话不仅让Vincent注意到留学服务中心，还指引他主动走进去咨询。

当机会近在眼前,岂能辜负?

回想起暌违已久的那一日,Vincent 讲道:"我在这里遇见了一位对美研申请十分有经验的老师,我们从我的大学专业聊到未来职业规划,从选校策略谈到专业综合排名,进行了十分细致深入的交流。"行动力极强的 Vincent 聊完后,更加确定自己希望通过读研提升专业能力与就业竞争力。经过慎重思考,他决定申请研究生。

这并不是 Vincent 第一次把握住人生中的重要机遇。2008 年北京举办奥运会,中国进一步扩大对外开放;2009 年中美关系向好,开放优惠签证政策,赴美留学成为越来越多优秀青年的共同选择。年仅十九岁的 Vincent 紧跟时代节奏,率先抓住这一机遇。

2010 年初春,彼时还在湖南大学金融专业就读的他,在学校官网上看到一则公告。"确切地说,我是在 2010 年 3 月才了解到转学项目。此时距离申请截止日期只剩二十余天,可选的学校也所剩无几。"

从获知信息,到择校定校,再到准备材料、递交申请,留给 Vincent 的时间十分紧张。对未来发展进行过深入思考的 Vincent,通过夜以继日的努力,最终顺利将准备好的文书及相关申请材料递交。本就课业优秀、能力出众的他,顺利被美国俄亥俄州立大学录取,部分学分也顺利转入。

在俄亥俄州立大学求学的三年，Vincent不仅主修金融专业，还辅修了风险管理专业与经济专业。保持着高水平GPA的同时，Vincent还积极参加社团公益活动，企业实习经历也十分丰富。各方面表现出色的他，甚至成为专业课教授招收的首位国际生助教。

确定读研后，Vincent与老师一起规划了清晰的申请路径。在定校阶段，Vincent最终将目标锁定在美国排名前二十且金融专业实力强劲的院校，包括约翰斯·霍普金斯大学、耶鲁大学、哥伦比亚大学、芝加哥大学、康奈尔大学等。

中国银行的实习结束后，时间来到大四。Vincent开始系统梳理各项材料，撰写申请文书，邀约教授推荐信，根据不同院校及专业的要求，对材料进行筛选、精简与润色，扎实走好申请的每一步。

2013年春，Vincent陆续收到申请学校的录取邮件。考虑到哥伦比亚大学位于世界三大金融中心之一的纽约市，不仅契合自己的专业属性，还为未来的职业道路提供广阔可能，最终，Vincent选择哥伦比亚大学公共管理硕士专业就读。

一路走来，Vincent认真对待课业，敏锐察觉各项变化，精准抓取有效信息，把握出现的每一次机会，凡所做，必至臻。

在哥伦比亚大学读书是一种怎样的体验

进入哥伦比亚大学，Vincent 身处浓烈的学术氛围之中，被学校的师资配置、课程资源与专业纵深折服。学好专业课之余，Vincent 充分利用学校地处纽约市的优势，积极参加市区与学校举办的行业峰会、经济论坛，聆听大咖分享，结识领袖人物，为未来发展奠基。

除此之外，Vincent 还加入了学校议会，成为一名学生代表。在多次会议讨论中，Vincent 阐述了以中国留学生为代表的国际学生在学习、生活及求职过程中面临的困境，主动寻求支持的力量，为国际学生发声；同时，加入哥伦比亚大学中国学生学者联合会，承担重要的联络任务，积极帮助留学新生跨越文化差异，融入校园生活。

在天之骄子云集的哥伦比亚大学校园内，Vincent 结识了非常多优秀的同学。其中，中国同学多数来自清华大学、北京大学、复旦大学、中国人民大学，不仅语言成绩接近满分，学术水平也十分出色。与优秀的人同行，本就自律、勤奋的 Vincent 更加刻苦。

其中最让 Vincent 佩服的，是一名持续为职场女性发声的同学。在工作遭遇瓶颈后，那个女孩选择赴美深造。完成课业之余，通过各类媒介渠道，持续传播"打破职场性别偏见，女性勇敢争取属于自己的各项合法权益"的声音。Vincent感叹,"当自己遭遇不公正对待时,她选择拿起思想与媒体的武器,勇敢地捍卫自己的合法权益,在一往无前的道路上,为需要支持的女性提供精神鼓励与方法协助。她的行动持续至今,让我非常钦佩"。

回顾在哥伦比亚大学读书的两年,Vincent不禁感慨:"与优秀者同行,是我的幸运;与世界共赴新程,是我之所愿。"

蓄势出发　见世界的每一面

人的成长,缘于不间断的重新开始。

2015年,Vincent即将结束学业,进入职场。对他来说,工作是为了更好地生活。"想去一家大公司,不能一蹴而就,需要通过日积月累的努力,让自己的专业能力愈来愈强,实践经验越来越丰富。因此各类金融机构的实习,哪怕没有报酬,只要对能力提升有帮助,我都会参加。"

大学毕业前夕,拥有哥伦比亚大学专业背书与丰富的中美两国知名金融机构实习经验的Vincent,被一家区域性银行录用,从事业务拓展相关工作,一待就是五年。回忆起第一份工作,Vincent不禁感叹,"我在这家公司待了将近五年,这份工作使我快速成长。当意识到自己的职业发展触顶时,我开始思考如何改变。'变则通,

HOMER · HERODOTUS · SOPHOCLES · P

COLUMBIA G

LEGE CAMPUS   ✱ 哥伦比亚大学巴特勒图书馆

通则达。'"。

　　Vincent 拥有三项极其优秀的品质：自律、敏锐、坚持行动。每当势能积蓄到高点时，他都能把握住眼前转瞬即逝的机会，让自己更进一步。这一次也不例外，2019 年，摩根大通集团投行部恰好有一个岗位。勇于把握新机遇，敢于改变现状的 Vincent 即刻行动，在三百多位候选人的激烈竞争中，顺利获得录用，实现职业发展上的大跨越。此后，Vincent 在摩根大通集团任企业投行部副总裁，负责世界 500 强企业在美国的银行业务，并持续至今。

　　这一年，另一个意想不到的改变出现在 Vincent 的生命中，他遇见了一生的至爱。

　　回忆起与爱人的初相识，Vincent 面露赧颜，语气中透露出喜悦。那是一个火烧云染红天空的傍晚，在图书馆学习了一下午的 Vincent，发现手机微信里飘出一条"陌生又熟悉"的信息。

　　"我与妻子的初相识，还是老师牵的线。我们二人不仅非常有眼缘，对事物的看法也出奇一致，相处十分融洽。彼时我们异地，我每两周去见她一面，没多久就确定了恋爱关系。一路恋爱、订婚、结婚、生娃，如今婚姻幸福、家庭美满。"十分注重家庭的 Vincent 面露笑意，叙述着与爱人相识相爱的过程。

"对大部分人而言，留学服务机构的作用在于帮助他们实现留学梦；于我而言，为我提供留学服务的老师不仅是我留学深造道路上的引路人，助益良多，还让我遇见了我的爱人。朋友知道后，戏称：'花一份钱，还给解决终身大事，我也想要！'"

谈及留学对自己的影响，Vincent 坦言："我很感谢留学，它给我打开了一扇新的大门，为我注入新的世界观、人生观和未来观，切实改变了我的生活。唯一感到遗憾的是，待在国外的时间较长，前几年又碰上疫情，陪伴父母的时间少了很多，也让他们操了很多心。"

从太湖湖畔走到纽约城，Vincent 花了五年时间；从踽踽独行到工作成家，一晃十五载。曾经十九岁的江南少年，如今为人夫、为人父，成长为家中顶天立地的顶梁柱。

"身在万里之外，乡愁是每个人绕不过的情愫。"偶尔，远在地球另一端的 Vincent 刷到家乡无锡发展的相关新闻，情绪仍会被点燃。"每一个离家的中国孩子，或求学,或工作,或旅游,无论暂归否,都是为了提升自己,让自己和家人生活得更好。虽身在万里之外，但此心如月，明明可鉴。"

第三篇章

2014-2019年

越来越多的中国学子,
选择教育资源更佳的
世界级大学;
越来越多的留学人员,
选择了学成、历练、归国的道路。

杜文研

Stay hungry, stay foolish

加州大学戴维斯分校

创业就像攀岩，是一件永不止步、享受过程，直到被"最后一座山峰"打败的事。

2014

这一时期，受到多极化、经济全球化、社会信息化和文化多样化的推动，全球范围内的国际学生开始加速流动。

来自北京的杜文研，从小热爱篮球运动，高二时通过体育交换生项目前往俄亥俄州一所公立高中交换学习生一年，独特的学习体验与广阔的篮球职业前景让他萌生了去美国读书的念头，紧接着他开始为实现自己的梦想——成为职业篮球运动员，做充足准备。

少年负壮气，奋烈自有时

"我从小练球，二十六年的人生在旁人看来顺风顺水，但实际上一路坎坷。"文研一句话概括了他多年的留学追梦经历。

2012年10月，就读北京公立中学九年级的他，参加北京首钢篮球俱乐部（CBA青年队）选拔，因身高和骨测未达标，与这一机会失之交臂。他坦言："我从七岁开始练球，受打击是肯定的，却从没想过放弃。此路不通，就换另一条路。当时脑海里只有一个想法，我要继续打球，不仅要打，还要走职业道路。"

2014年，文研就读的高中与美国俄亥俄州立高中有为期一年的体育交换生项目，他正需要这样的机会，于是主动争取，在老师和家长的支持下，于2014年秋，开启了为期一年的交换生学习。

"体育比赛是一个学校凝聚学生的最棒的方式,也是一个很好的交流方式!"在俄亥俄州的高中校园里,文研跟着校队打球的机会非常多,他用精湛的球技、出色的合作与持续的竞赛收获了友谊与成长。在他们的努力下,校队曾拿下俄亥俄州第二名的好成绩,这是学校建校六十五年以来取得的最佳成绩。

＊ 篮球赛场(高中阶段)

在俄亥俄州立高中学习期间,文研萌生了在美国继续读书,走NBA体育路线的想法。经过深思熟虑后,文研与父母沟通并得到支持。

十一年级时,文研通过自身努力与过往战绩,获得美国职业篮球运动员保罗·乔治的母校加利福尼亚州帕姆代尔的皮特·奈特高中的录取名额。转眼来到2015年，新学校，新球队，新朋友，还有闪闪发光的篮球职业发展道路都近在眼前，触手可及。

少年负壮气，奋烈自有时。

用汗水和创新铸造成长的基石

一场意外的发生，让近在眼前的一切突然变得模糊起来。

在一场比赛中，文研的右手受了非常严重的伤，肱骨和尺骨、桡骨相邻的部位断裂，白骨几乎肉眼可见，打了三根钉子。在职业篮球运动历史上，运动员受了如此重的伤，几乎不能再有剧烈动作，同时还伴随着其他影响。哪怕文研曾拿下非常优异的成绩，招录大学的篮球队教练也只能表示遗憾，经过慎重考虑，最终给出校队陪练的机会。

陪练，意味着永远失去了上场的机会。

休养了整整八个月，文研才康复。可即使康复得不错，也很难再走职业道路。

"我比较幸运，在人生每一段迷茫期或低谷期，都能遇到指引我的导师。'当上帝为你关上一扇门的时候，也为你打开了一扇窗。'一位加州大学洛杉矶分校的学长与我彻夜长谈，为我分析职业赛道的可预见性及未来，他鼓励我，凭借我的基础特性与能力，无论在哪一个领域深耕，都会闪闪发光。"

"所以我从体育转向学术，本科去了加州大学戴维斯分校。"即便儿时一直坚持的梦想就此破灭，文研也能快速调整心态，转换方向，做好人生规划，甚至还在高三结束的那个夏天，参加了加州大学戴维斯分校的夏校。

* 加州大学戴维斯分校西村

大学期间，文研主修经济学专业，辅修历史专业，热衷一切新奇有趣的事物与课程，诸如啤酒课、食品科学课、动物医学课、戏剧课等。一路追逐乐趣、探索未知，仅用十八个月，文研便修完毕业所需的全部课程与学分。

于是，他决定寻找新的挑战。

受父母影响，文研善于挖掘社会生活中未被满足的需求，探索怎么去解决这类问题。从学术角度出发，这一行为被称为"发现问题、研究问题、解决问题"，从商业社会的视角出发，则以"创业"二字概括。文研运用独特视角，探索真实世界的需求，走上一条少有人走的路。这条路荆棘丛生、危机四伏，却也蕴藏着鲜美的果实与无限的可能。

早在高中时期，文研就参与了一个篮球社群App的策划与落地，在团队中负责营销岗位的工作，并从这次经历中汲取了宝贵的经验，深入学习了一个项目从构思、策划到落地、运维的全流程，懂得整个流程必须全盘考虑，明白了现金流、运营模式牵一发而动全身，以及根植当地的社会文化土壤，洞悉客户真正需求的重要性。

从一个赛道转换到另一个赛道，文研不怕辛苦，更不怕失败。就像打篮球一样，紧盯目标、碰撞、跌倒、爬起、审视时局、校正目标，用汗水与创新铸成成长道路上的基石。

创新创业永不停止

创业，是文研心之所向、全力奔赴的星辰大海。

谈及大学时代的创业，文研分享道："年轻人总是格外钟爱自由，可当四面八方皆是方向时，整个人不可避免地陷入迷茫。为了寻找真正热爱的事物与生命的意义，我在中国多座城市与美国校园之间穿梭。"

"第二次创业，我递交的'Right Care Right Now'项目商业计划书，成功入选学校计算机科学专业（简称CS）毕业设计项目库，不仅项目的技术端有了专业支持，自己竟还成为CS专业大四学生能否毕业的'考官'之一。"谈起自己第一个真正意义上的创业项目——一款基于地图社交的软件，文研的脸上露出怀念的笑容。

创业就像攀岩，是一件永不止步、享受过程，直到被"最后一座山峰"打败的事。

创业也像航行，掌舵人身处茫茫大海，需要有明确的目标。同时，必须时刻关注所处海域的风力和风向，预测可能会遭遇的风浪、暗礁，做好物资分配、人员管理、目标校准及心理建设，保障航行的顺利与安全，直至抵达目的地。

这是文研第一次从零开始操盘一个项目，从商业想法、底层逻辑、商业模型，到人员、场地、设备、运营、维护、软件迭代，全部一个人统筹。那时他最深切的感受是一个人的力量确实微薄，常常有"独木难支"的紧迫感与无力感，再加上身处异域文化环境，身边也没有能商量指点的人，这个项目后来在迭代阶段遗憾流产。

※ 毕业了

此后，文研做过英语老师，干过"创业未半而中道花光预算"的创业项目，在市场中摸爬滚打后逐步意识到，自己的工作只能给客户提供阶段性服务，于是开始深入思考个体与社会、工作与创业的多维关联。

失败，失败，还是失败。回忆这一时期的经历，文研不禁感叹："商业上的成功只有一种，但失败可以有无数种方式。"

在最挫败的时候，文研不再想着改变世界，而是开始静下心来持续学习，先后在哥伦比亚大学和哈佛大学修读了经济学与数据科学两个专业的硕士学位，同时专注于自己能干的事，还从事着接送、照看低龄留学生的工作，兼顾处理美国当地业务。

2020年2月到2021年底，美国疫情最严重的那段时间，在美留学的低龄学生面临寄宿学校关闭、回国机票一票难求、没有地方安置等一系列紧急情况。文研曾从纽约（位于美国东北部）驱车赶往佛罗里达州最南部，四个日夜，跨越1900千米，只为接回一个中国孩子。

"哪怕环境严峻，面临数不清的艰难困苦，可我做的事是有意义的。"文研的这份真挚，影响着身边的每一个人。

"后来，曾为我留学提供重要助力的王敬老师，教会我如何从零到一建起一家公司，让它健康地跑起来。"

如今，文研用脚踏实地的行动、尽我所能的态度、永不言弃的运动精神，持续学习并反复校正，终于让他开拓的跨越中美两国的教育创业之路步入正轨。

求知若饥，虚心若愚

"若说钦佩哪一位企业家，除了给予我重要创业指导的王敬老师，还有苹果公司的创始人乔布斯与字节跳动的创立者张一鸣。尤其是后者，让企业的产品走向世界，让越来越多的国外友人喜爱、参与、共创，这一点非常了不起。"

从国际教育的亲历者转变为服务者，文研对行业跨越十年的发展同样感触颇深。

"我们那时候出国读书全凭勇气,尤其是中学生,十张纸加一本护照就出发了。"对于2014年与2024年的国际教育服务的差异,文研讲了一个生动形象的例子。"看见对面亮着灯的大楼了吗,过去出国留学,就像二十多年前从这栋楼去那栋楼,路上没有路灯,一片漆黑。现在道路四通八达,灯火通明。国际教育服务者就像指挥交通的警察、开车引导护航的的士,甚至规划交通路线,开着大巴,接上学生,载着他们走。"

具有高度商业敏锐度与锲而不舍精神的文研,对自己从事的事业饱含信心。如今,他用不间断的阅读、沟通交流与深入思考,持续拓展自己的商业思维,做好当下,瞄准未来。

最后,文研分享了乔布斯2005年在斯坦福大学毕业典礼上的演讲箴言"Stay hungry, stay foolish",这是他的人生座右铭,激励着他在瞬息万变的商业社会求知若饥,虚心若愚,不断精进。

楚楚（化名）

看过世界的人，想回家

加州大学圣地亚哥分校

**这是最好的时代！
趁年轻，多尝试。**

2015

2015年，国际教育开始呈低龄化发展趋势。在相当长的时间里，留学主要为读研/读博深造。如今，随着人民物质条件与生活水平的提高，中国家长国际教育意识逐步提升，对孩子的教育质量与目标有了新期许——重视国际思维与全球视野的培养，让孩子接受国际化教育的年龄也有逐年降低的趋势。

就读于北京汇文中学的楚楚，高二时在父母的建议下，转入国际教育赛道，通过转学进入美国西雅图某高中十一年级。第一次走出国门的她，不仅要适应全然陌生的环境，还需从零开始学国际文凭（IB）课程，为本科申请做积极准备。此时，楚楚急需一位全方位鼓励与引导她的老师。

❋ 加州大学圣地亚哥分校

从意外出国到文化适应

"出国读书这件事，属于计划内。但高二就出国，却缘于一场意外。"

楚楚分享道："高二那年，爸爸参加了一个俱乐部。某次活动时，一位阿姨聊到想送自家孩子出国读书，培养国际视野与综合能力，爸爸听到后接了一句'我家闺女也是'。巧合的是，旁边一同参加活动的一位叔叔，恰巧熟悉美国教育领域，热心地为我们推荐了一所不错的美国高中。"

听了父亲的分享，楚楚通过查阅资料、咨询介绍人、线上社群交流等方式，对学校的地理位置、课程安排、校园环境等有了一定了解。慎重思考后，楚楚决定抓住这一机会，迅速完成申请简历的撰写并提交，在一周内收到了学校的面试通知。

收到录取邮件的那一刻，积聚在身上的压力终于被卸下大半，楚楚这才真切意识到，自己即将前往一个人生地不熟的国家，在语言非母语的环境里，学习此前从未接触过的课程，独自面对一切可能发生的情况。那一刻，"独立"从一个抽象词语，变得真切而具象。

2015年9月，楚楚踏上飞往美国西雅图的国际航班，开启为期两年的美国高中生活。新学校、新寄宿家庭、新生活……这一切，让楚楚目不暇接。与此同时，困难也接踵而至。

"语言沟通与文化理解，是我留学路上的两座大山。"楚楚直言不讳，"面对一项课题或一篇文章，如果没有在这边长期生活的经历，没有对地方文化的深入了解，很难真正理解它想要表达的思想内容。一方面是因为二者运用的是不同的思维模式，另一方面是我们刻进骨子里的精神价值与文化价值。两国的文化不同，历史不同，适应起来挺难的。"

入学一个月后，楚楚便意识到在文化理解与适应上，自己急需帮助。在寻求寄宿家庭成员帮助的同时，楚楚选择了一位有高中阶段留学经历、专业且富有同理心的升学指导老师，为自己海外学习生活的各方面提供建议与指导。

"在感到孤独的日子里，老师建议我拍摄视频分享自己的美国高中日常，包括与老师同学的互动、美国高中的学习体验、社团活动等。'分享'让我在这个中国人很少的小镇，拥有了一众愿意倾听我、关注我、鼓励我的线上朋友；与此同时，增进了我对老师、同学的了解，与之建立起融洽和谐的社交关系，进一步适应了本地的文化环境。"

重拾乐观自信的楚楚，在老师的介绍与分析下，根据自身兴趣、能力与心仪大学目标专业的偏好科目，实现精准选课。仅用一年时间，楚楚不仅在学校课程、语言考试与 SAT 考试上，取得出色成绩，被加利福尼亚大学系统内七所院校录取；还提前修读了多门大学课程，以优异的成绩顺利结业。

2017 年，在众多录取通知中，楚楚最终选择了加州大学圣地亚哥分校传媒学专业。"人生的路，每一步都算数。曾经陪伴我适应新生活的自媒体，成为我的大学专业。老朋友成新搭档，这感觉非常奇妙。"

＊ 盖泽尔图书馆

在"教与学"中成长

"回顾大学阶段,如果只能选一件事,来代表媒体人在专业领域的成长与思考,你最宝贵的经验是什么?"

楚楚沉默良久,缓缓开口:"那是一次进入非裔美国人社区,观察社区里处于不同年龄段的孩子,包括他们的生活、学习及其他方面的真实状态,探寻在美国多元环境下,非裔美国人幼年至青少年阶段的成长真实现状,分析社会生态成因,提出改进建议,并尝试带动社区孩子看更远的世界。"

楚楚清晰记得,小组负责的非裔美国人的社区中部,有一个由专人看护的公共建筑,既是节庆日举办重大庆典的地方,也是平日里小孩儿聚集玩耍的地方,旁边划分了做饭、洗澡的区域,算是社区的社交集中区。此处,正是楚楚小组开展活动的极佳场所。

"我们小组既要'走进来',更要'引进来'。"每周四下午,楚楚与五名小组成员都会通过策划与精心准备,为社区里年龄不一、性格各异的孩子带来不同国家历史、文化、风俗与食物的分享。楚楚在活动中分享了中国京剧脸谱与汤圆,通过具象的文化载体,让尚未踏足远方的非裔少年,一点点了解大洋彼岸的另一个国家,那里有怎样独特的文化,人们在节日里吃什么样的食物……在一周又一周的活动中，楚楚与小组成员用镜头记录下活动现场孩子们情绪丰富的面庞、吃惊快乐的动作，最终形成研究论文与专题纪录片。

"这次项目，让我更深刻明白'授人以鱼，不如授人以渔'的道理。"楚楚深入分析，"无论是志愿式捐赠，还是流水般的项目介入，如果不能从精神上加以引导，不能在谋生技能上给予培训，不提供发展的机会与条件，那么无论过去多久，这里的生态依然难以改变。"

另一件让楚楚念念不忘的事，是在校园里教中文。

在加州大学圣地亚哥分校的官网上，有一个专为渴望提升自我的学生设置的入口。在预约网页上，学生可以根据自身需求，预约专业的人，在固定的时间为自己提供帮助，包括辅导专业课程、指导论文写作、学习各类语言等，楚楚在此担任中文老师。

课程每周一次，每次四小时。只要有对中文感兴趣，渴望进一步学习的同学进行了预约，楚楚便会等候在专门的教室，进行一对一授课。

在教中文的一年里，楚楚先后接触到想要学好第二外语的同学、喜欢中国明星的同学、在美国出生的华裔同学，尤其以第三类居多。他们受家中长辈影响，中文的日常对话十分流畅，但想更深入地了解博大精深的中华文化与浩如烟海的优秀作品，则需要向外求助，进行更加系统的学习。

"能够为对中华文化充满兴趣的外国同学及希望系统学习中文的华裔同学提供力所能及的帮助,将自己的中文知识与学习经验传授给大家,这件事让我感到快乐。"

从"走出去"到"走进去",楚楚内心始终明确一点——"我要回国"。而楚楚的归国之路就像出国那般,来得这样猝不及防,伴随着意外、失落、转折与新生。

善用专业知识,跑出新机遇

2020年,突然暴发的新冠肺炎席卷全球,身在美国加利福尼亚州的楚楚同样深受影响。"它首先影响了我在学校的整体体验,绝大部分公共设施关闭,学生活动暂停,对学校各项资源的利用率显著降低;其次降低了学校处理各项事务的速度,例如行政方面、医疗预约方面;最后是全程网课,相比于线下授课,学习的扎实程度有所降低。"

此时,全球疫情形势一天一变。在父母亲一个接一个担忧的跨洋视频通话后,楚楚参加了学校2020年的夏校。原本仅限修三门课程的夏校,在这一年放开限制。楚楚先后顺利取得六门课程的学分,并于2020年底,修满毕业要求的学分,踏上回国之路。

"人民至上、生命至上""疫苗接种""做核酸"

成为 2020 年至 2022 年最常被提及的词语。回国后的楚楚决定分两步走。在学业方面，有条不紊地推进美国高校研究生申请工作。得益于老师从高中到本科阶段的全程规划与鼓励，楚楚提前完成了多项对申请有极大助益的实习，将个人优势发挥到极致。2021 年春，楚楚非常顺利地收到哥伦比亚大学、宾夕法尼亚大学、纽约大学等高校的录取邮件；在职业发展上，暂时协助父母打理家里生意。机缘巧合下，楚楚进入直播销售领域，成为一名半路出家却做出特色的主播，用专业知识在细分商业赛道上，跑出新机遇。

"当时一个主播因意外情况不能上播，为了不出现直播断档，我就自己顶替她，在直播间里讲解产品详情。可能因为我身上叠加了'留学生身份''老板闺女''偶尔说英文''限期直播'等多种因素，导致消费者对我感到好奇，愿意听我聊一些经历，加上在大学里接受过相关训练，直播整体表现与后台销售数据都不错。"

"疫情让人们暂时分隔，网络全面链接人们的工作、生活与学习。如线上教育、在线会议、网络购物、线上娱乐等，所有人共享资讯、技术进步与优质服务。互联网成为不可或缺的重要载体。"对于直播带货，加州大学圣地亚哥分校毕业的楚楚认为这是网络新生态，不仅需要关注，更需要深入研究。

2021年5月,疫情时时反复。楚楚基于自身安全考虑,选择"延期"入学。

然而,直播工作导致她与分隔两地的男友尽管身处同一个时区,还是因交流变少面临情感危机;同时,失去正常人的规律作息。旁人忙工作的时候,她在做各项筹备工作;旁人休息的时候,她的主场正式开始。"像陀螺一样忙碌"成为楚楚生活的常态,整个人被裹挟着朝前奔去。

在不同的行业、不同的岗位历练自己,是楚楚对自己的短期要求;与志同道合、富有商业头脑与创业经验的伙伴联合创业,则是她为自己规划的中期目标。如今,楚楚在一家教育公司担任管培生,目前在市场管理部门轮岗,负责企业各项活动事宜,为未来的创业之路探寻时机、积累经验。

"这是最好的时代!趁年轻,多尝试。"楚楚如是说。

* 校园一角

郑思雨

见世界的
每一面

克拉克大学

绿色的光带布满整片天空，
漆黑的夜空浮动着
神秘、壮观、变幻、瑰丽的光影，
你会不由自主地落泪，
感叹自然的神奇与震撼。

2016

毕业于唐山市丰南区第一中学的郑思雨，2012年秋考入河北经贸大学会计专业。尚未确定未来就业方向的她，在本科阶段的学习中，逐渐喜爱上会计专业，结合她的短期规划与亲友留学经验，在大二时决定出国读研。彼时，寻找到一位能够为思雨留学之路进行科学规划的专业老师，带领她梳理优势与不足，实现扬长避短、成功留学、探索多元世界的目标。

明月百年心

"叮叮叮……"

2020年3月的一天，初春的阳光像往常一样斜晒到沙发上，思雨放在书桌上的手机响个不停，新信息一条接一条地蹦出。仅仅接杯水的时间，群里信息已99+，思雨顾不上喝水便加入紧张的讨论中。

微信群名为"搞口罩"，由克拉克大学相熟的同学组成，并很快发展到十余人。起因是克拉克大学行政处的Maria老师发布了一条内容为"学校处于紧急防疫中，急缺N95口罩及相关医疗资源支持"的求助信息。于是，世界各地的克拉克学子，无论相隔多远、毕业多久，都自发组成支援小分队，商量着联络刚紧急扩容或就地改造的口罩厂，一面为校方提供医疗资源渠道支持，一面在群内自发筹款，购置N95口罩，多方联络后发往位于

← Federal Square
Lincoln Square →
← Federal Courthouse P

* 伍斯特市

美国马萨诸塞州伍斯特市的克拉克大学。

忆起那时手忙脚乱的情形，思雨重点强调："当时的情况尤其复杂，美国那边要求 CE 认证，群里现在还能看到生产企业的营业执照、资质认证、产品质检报告等图片。我们打电话到中国驻美国大使馆确认，回复说'可以寄'，悬着的心才放下来。秉持着能帮多少帮多少的想法，我们把能寄的都寄了，后面还以克拉克大学学生的名义陆续转捐了几次。"

从克拉克大学走出来的思雨，与疫情中义无反顾地反哺母校的校友们一样，留学时光虽然短暂，情谊却历久弥坚。回顾两年留学时光，思雨的脸上洋溢着眷念与喜悦之色。正如她柔和却坚定的话语，"出国留学，是我大学时做的最正确的决定"。

从河北经贸大学到克拉克大学

2012 年 9 月，思雨高考后被河北经贸大学会计专业录取。大学期间，她担任班级团支部书记，在团支部与学生会的各项活动中，展现出极强的工作处理能力。当朋友们聊到未来规划时，思雨起初没什么想法，后来在身边同学的带动与学校氛围潜移默化的影响下，深入思索后明白自己未来三到五年既想学好专业知识，还想多看看世界、体验不同的风土人情。保研、考研，还是出国读研？在与家人多次沟通后，思雨选择出国读研。

为了探究中国企业会计准则与美国通用会计准则之间的异同，思雨将留学地区选在美国，以申请美国院校为主，兼以澳大利亚高校作为保底。

想要出国留学，语言是第一关。大二时的思雨，认真对待专业课程，保证学习质量与成绩的同时，开始在托福上发力。她曾三次到北京参加线下集训，努力提高自己英语听说读写的能力，以获取优秀的语言标准化成绩。

在北京学习期间，经同学介绍，思雨结识了一位经验丰富的留学老师。通过与老师面对面沟通，思雨认识到自己的留学准备工作在大方向上没问题，但对自身专业的学习与运用、个人特质、未来预期等，缺乏科学规划与代表性实习或活动。

了解了思雨的基础情况、院校预期与专业选择后，老师进行了综合评估，建议思雨先去会计师事务所实习，让高校招生官看到她将专业所学进行了实际运用，同时也能让思雨关注社会发展与市场变化的相关情况，并为思雨对接了国际四大会计师事务所之一的安永会计师事务所。2015年暑假，思雨前往安永会计师事务所从事咨询工作，主要负责参考相关指导文件及客户实际情况，为初创企业进行内部估值，撰写估值方案。

正如教育家陶行知先生倡导的"教学做合一",思雨在为期一个月的实习中,接触到财务咨询工作的真实状态,见识了业内领袖人物的专业,应工作要求持续不断输入新知,在工作中学以致用,实现教授、学习、运用合为一体,并在实习锻炼中将专业知识内化吸收。

勤勉、认真的思雨在留学准备期间,认真对待每门专业课程,积极参加语言培训,优选国际教育服务机构,参与会计职业实习,最终顺利拿下美澳两国多封优质录取邮件,并在2017年秋季赴美留学。

青年时代的两年

2017年9月,怀揣求学期待的思雨,告别家乡,前往位于马萨诸塞州伍斯特市的克拉克大学。克拉克大学在2017年U. S. News美国大学综合排名榜单上位列第74,是美国最早提供研究生课程的大学之一,也是美国大学协会创始成员之一,至今仍保持着小班教学的传统,课堂人数约为二十人。

第一次见面,校园里红色欧式建筑矗立,远处芳草如茵,传统与现代在这里交汇。从学术水平到建筑风格,从人文环境到校园氛围,克拉克大学满足了思雨对美国院校的全部期待。同时,身边的中国同学多数毕业于北京大学、中央财经大学、上海财经大学、东南大学等。

思雨与优秀者同行，一起学习专业内容，参加"哈佛中国论坛"，抓住机会游览世界各地风光，体验社会的多样性，成长自然水到渠成。

留学过程中，有三件事让思雨印象深刻，一是参加"2018年哈佛中国论坛"，二是去阿拉斯加看漫天极光，三是邀请父母亲自见证自己的毕业典礼。

2018年4月6日，以"凝聚时代的力量"为主题的"哈佛中国论坛"第21届会议在波士顿召开。思雨和朋友驱车前往，与会听取了长江商学院金融学教授曹辉宁、春华资本创始团队成员及董事总经理陈桐、诺亚财富首席战略官王晓园、华为美国研究所高级副总裁 Miguel Dajer、深圳东方港湾投资管理股份有限公司董事长但斌、复旦大学国际关系与公共事务学院副教授蒋昌建等知名专家对中国相关话题的见解。思雨至今还能回想起王晓园女士分享的"中国财富管理"，以及但斌董事长分享的"中国股市变迁"。

身处时代变革中的优秀年轻人，一年一会，聚集在"哈佛中国论坛"，探讨中国，分析中国，解读中国，向世界传递一个经济腾飞、民生向好、文化自信的中国。同时，鼓励优秀留学生、专家学者为建设中国建言献策，贡献属于自己的力量。此刻，思雨是"哈佛中国论坛"思想荟萃的见证者、参与者、学习者；未来，则会成长为中国发展的建设者、奋进者与开拓者。

被问到"去过最远的地方是哪里"时,思雨脱口而出"北极"。2019年春,思雨与朋友结伴去北极圈看极光。他们先飞到西雅图,感受一番当地的美食与风土人情后,直飞阿拉斯加,在当地向导的带领下前往北极圈内。那天的极光指数偏低,目之所及,极光非常微弱。

"当时我们在小木屋里休息,围着暖烘烘的壁炉说

* 马萨诸塞州伍斯特(冬)

话。突然有人说'外面有极光了',我们立马站起身,朝屋外走去。绿色的光带布满整片天空,漆黑的夜空浮动着神秘、壮观、变幻、瑰丽的光影,你会不由自主地落泪,感叹自然的神奇与震撼。那天,我们躺在雪地里看了好久,这份幸运和感动也一直伴随着我,即便已经过去多年。"

"邀请父母来参加我的毕业典礼,是我刚到美国就许下的心愿。"

2019年5月,思雨的父亲母亲登上前往波士顿的国际航班,去看望他们心心念念的女儿。毕业典礼那一日,整个克拉克大学洋溢着喜悦的氛围,校方不遗余力地布置了整个校园,欢送各位学子离开校园,步入社会。典礼当天,所有教职人员、典礼嘉宾、在校学生、毕业生及毕业生家人,全部到场。杰弗里·卢里、帕德玛·拉克施密等校友依次进行发言,校长为每位毕业生拨穗,予以祝福。

典礼结束后,思雨陪父母游览了大半个美国。这次与家人同行的旅行,在她的心中种下一枚"带着父母走遍世界"的种子,并在未来的时光里逐渐成长。

2019年6月,结束硕士阶段学业的思雨,从伍斯特返回北京。随后,她顺利入职一家区域性银行,开启人生新篇章。

凡所做，必至臻

谈及留学的影响，思雨分享道："留学对我产生的影响主要体现在三个方面：一是专业上的提升。留学期间，面对面聆听了会计领域极其权威的教授的课程，他以真实市场案例为模型，对其进行解构、分析与复盘，使我的专业能力得到极大提升。二是心态的锻炼。身处于一个完全陌生的环境里，你需要对生活和学习中的每一件事都亲力亲为，在高频的锻炼中更加独立自主。三是思维的拓展与执行力的提升。做事之前，三思而行；三思之后，雷厉风行，这一影响持续至今。"

如今，思雨在安永会计师事务所任高级咨询顾问，主要负责企业数据治理、企业 EAST 监管数据标准治理、企业科技发展规划与信息科技风险评估与优化、个人信息保护等内容。从事这份工作，有机会跟随行业领袖级人物学习，搭配真实落地的晋升机制，还有参与香港及国外项目的外派机会，让思雨真切感受到团队需要、客户认同，在工作中逐步实现了自我价值与社会价值。

未来，思雨将在企业数字化、合规化方面继续深入，精进业务能力。凡所做，必至臻，用专业赋能中国企业走好数字时代信息科技发展的关键一步。

贺观

从英语专业到数据工程
所望之事，行则将至

芝加哥大学

只有经历过，
才能发现自己真正的热爱。

2017

从山东省济南外国语学校保送至外交学院英语专业的贺观,通过两年的探索,在大二时明晰了自己未来的发展方向,希望从事技术性强、专业壁垒高的工作。依托大学的专业培养与参加"哈佛大学领袖峰会"的切实体验,贺观在深入思考后,决定赴美留学,并着手准备。此时的他,最需要的帮助,是找到一位"其言也专、其行也敏"的老师,为他推荐并对接一段有助于留学申请的高质量实习。

电话铃声响了

2016年8月,贺观在老师的推荐下,通过一次简单的英文面试,成功获得美国国会的实习机会。然而,他很快碰到实习路上的第一道坎儿,签证、租房、交通等问题。幸运的是,老师为他解决了这些困难,使他能够在8月底顺利抵达华盛顿,开启为期一个月的国会实习。

"零零零……"

在华盛顿特区国会大楼内,芝加哥国会议员丹尼·戴维斯办公室的电话响了,是来自芝加哥市民的热线电话。贺观三天前刚到华盛顿特区国会参加实习,听到铃声后,心瞬间紧绷起来,深吸一口气接起电话,用英语流利地问道:"Hello, Congressman Danny K. Davis's

Office. How can I help you?"接听市民热线是这份实习工作的重要组成部分。短短几天,贺观在热线中遇到各式各样的人,面对英语非母语的各族裔的电话,"听不懂对方在讲什么"让他一度怀疑自己这么多年的英语是不是白学了,有片刻脑海里甚至闪过"如果美国的工作都是这样,自己根本没法儿胜任"的念头。同时,同事的组成非常多元,常用"方言"沟通,语言障碍成为贺观初到美国最大的不适应点。

✱ 芝加哥市

尽管贺观非常害怕接电话，时常面对听不懂的情况，但他仍会勇敢地继续交流。经过同事的耐心解释，在一通通电话中慢慢锻炼，贺观逐渐适应了接听市民热线的工作。此外，实习工作还包含旁听听证会、撰写政策备忘录、数据调研与图表分析等任务，为政策的推进与落实提供真实的观点调研和科学的分析支持。

这次实习不仅让贺观获得了国会办公室立法主任的推荐信，还切实参与了公共政策部门的工作，在一次次交流中与芝加哥结下缘分。"我喜欢芝加哥，便是缘于此。"

贺观沉默片刻后，将大学时代的困惑与迷茫娓娓道来。

从外交学院到芝加哥大学

"只有经历过，才能发现自己真正的热爱。"

高中时，贺观通过济南外国语学校的保送生项目，提前被外交学院录取。经过两年的专业学习，贺观意识到语言是工具，自己迫切需要掌握一门拿得出手的技术，对研究生阶段的选择倾向于应用数学、计算机等偏技术方向的专业。

"彼时，我尚不知道自己会对什么领域感兴趣，未来能做成什么样，整个人很迷茫，当时只有一个想法，就是换方向。"贺观坦言,"当我坚定想法后,率先参加托福考试。同时,努力寻找能为自己科学规划申请、对接国外实习机会的服务老师。"

"针对我换方向的想法,老师在确定申请院校与专业的关键阶段,为我进行了专业分析。首先,直接跨专业申请理工类方向,难度极大,很可能最后录取的学校达不到预期;其次,当时还没有确定是先留美工作还是回国,考虑到国内认可问题,希望申请院校的排名更加靠前;再次,专业的选择并不是'一选定终生',基于我的现实情况,研究生阶段的专业最好是交叉学科,充当跳板,让我从语言类人才转型为专业技术型人才;最终,我的目标瞄准了公共政策专业。这一选择不仅契合我的本科院校属性,还包含公共政策所需的数据分析与编码类课程,与我的诉求和预期相契合。"

"确定方向与目标后,我一面梳理高中至当时能展现自身综合能力的重要活动,一面计划在大二暑假找一份政府部门的实习工作。活动方面,我曾两次参加'哈佛大学领袖峰会',这是很不错的锻炼。高三时作为学生,在为期二十天的封闭式学习中,体验了美国教育的课堂环境与学习氛围,还与全国各地的杰出高中生交朋友;大一时担任助教,培养了与学生沟通的能力。实习方面,学期结束前,恰好家乡人民政府发布了相关招聘信息,我大二的暑假便在实习中度过。"直到今天，贺观仍对政府食堂美味且价廉的饭念念不忘。

提及筹备过程中的挫折，除了在华盛顿特区国会实习前期的紧张，另一次则是GRE考试失利。彼时贺观的总分可观，数学单科成绩却不理想。老师为贺观分析了国外优秀院校公共政策专业对数学成绩的重视。于是，他决定再战一场。数学成绩的好坏，成为他能否踏入排名靠前院校的重要一环，并且其重要性在未来的道路上被再次证明。最终，贺观以总分330分、数学单科168分的成绩提交了申请材料。

谈及申请材料递交前的紧张与等待录取结果时的焦虑心情，贺观腼腆道："材料中的很多细节，来回改了好几个月，一直调整到截止时间前一小时才提交。"

面对多所知名高校的录取邮件，考虑到芝加哥大学的世界排名（2017年QS世界大学排行榜第十名）与专业实力强势，所在城市芝加哥作为美国第三大城市，建设水平与未来发展出色，再加上他对芝加哥的亲切感，贺观在多份录取中最终选择入读芝加哥大学公共政策专业。

然而，入学后遭遇的第一件事，是贺观意想不到的数学测试。

"我只在大学里修过一门高等数学，相比于本科读金融专业、经济学专业、社会学专业的同学，心里特别

* 芝加哥大学

没底。虽然最后测试成绩不错,但也发现来自清华大学、北京大学的同学,数学确实比自己好。"分班后,贺观进入忙碌却也迷茫的研究生阶段。

"在外交学院读书,学校的课程设置会告诉我需要做什么,接下来一步一步怎么走,跟着设置好的培养路线走,结果一定不会差。在芝加哥大学就读初期,学校没有明确的学生发展路线,只把基础课设置好,带着我们了解专业领域现状,但研究方向与研究项目具有极大的开放性。例如,帮助芝加哥市的教育部准确预测当年的困难家庭入学率，进一步提高其资助项目的针对性与有效性。类似的课题没有标准答案，需要自己去调研，经过输入、思考、论证，最终产出结果。简而言之，学校会给你工具，教你方法，但研究什么，怎么研究，预备达成什么样的研究目标等，全部需要学生自己决定，非常考验自律性与探索欲。这让刚到美国读书的我，适应了一段时间。

"此外，数学相关课程的学习，相比于其他同学，我需要额外补基础，于是每天都在网上搜索课程学习；统计课程则让我学会如何编写代码，挖掘出自己喜爱且擅长写代码的能力。记忆中对我影响较大的一位哈佛教授，建议我学习数据分析，加强对编程语言的基础逻辑了解，在数据结构及算法上下功夫。哪怕以后编程语言迭代，学新东西也会比较容易。同时，他告诉我'养成深度google搜索的习惯，凡事努力搜，一定能找到答案'。于是我利用寒假时间，学习了哈佛大学计算机基础公开课和网上数据结构、算法相关的基础课。上述课程对我未来转型的助益非常大。

"另一位对我产生深远影响的导师，是一位从外交部退役，会为了精准翻译一句话而查阅海量资料的高级翻译老师。她告诫我们：'任何时候，都不能有差不多就行了的想法。哪怕是一个词，你也要非常精准地判断

墨西哥国会

出它是什么含义。'这种'钻牛角尖'的精神,对我产生了潜移默化的影响。等我开始写代码后,如果遇上程序错误,我可能会一整个晚上不睡觉,一定要把错误排查出来并理解原理才行。通过无数次磨炼,我的调试排错能力大幅提高。"贺观沉浸在编码与数据分析的世界里,完全没有考虑实习、工签的问题,只关注自己想学的东西是否学好了。

2019年冬,临近毕业的贺观投递了两份简历,顺利被名为Slalom的咨询公司录用,从事软件工程工作。从面试到收到录用邮件,仅用三天。"当时完全没考虑薪资,觉得自己能转型从事编程相关工作,已经很开心了。"

向前奔跑

"无论生活如何改变，你都要向前奔跑。"

拿到录用邮件后，贺观回了一趟山东。也是在这一年的年底，新冠肺炎疫情暴发。谈到疫情对自己第一份工作的影响，他坦言："影响非常大。本来是一份办公室工作，结果从入职到离职，一直远程办公。"

"项目最忙的时候，我每天除了吃饭、睡觉，就是在工作。"全身心投入工作的贺观很快陷入职场发展的瓶颈期，加之公司项目更迭带来的同事流动与归属感缺失，让他最终决定换一家公司。

2020年8月，贺观被位于密歇根州底特律市的通用汽车公司录用，担任数据工程师一职。入职后，贺观申请宾夕法尼亚大学数学专业研究生并被录取。"因为有了第一次申请时精益求精、反复打磨的经验，再加上研究生阶段的学习与实际工作中的运用，录取水到渠成。"

目前，贺观已晋升为高级数据工程师，日常主要负责公司数据流的建立与导入、数据库的管理与运维、汽车服务对话的分析及提升、利用机器学习大语言模型自动化和预测仪器的使用。接下来，贺观考虑往技术类经理的岗位发展，多多参与架构，和领导团队成员推进数据工程以及人工智能的工作。

对于未来准备出国留学的学弟学妹，贺观建议：一是多学多看，早一点定下人生未来的大方向；二要早做准备，不要把什么事情都拖到最后，过程中努力，结果才有保障；三是千万不要因为简单就拖延，让英语考试耽误自己。考试考查的内容与日常运用存在一定差别，最好提前攻克；最后也是最重要的一点，相信自己。别人怎么说怎么看不重要，每个人都有自己的选择，例如自己从英语专业转到公共政策专业，抓住公共政策的数据分析课程，拓展了编程能力，最终跳到纯技术行业。虽然很难，但你可以。

最后，目前尚在海外工作的贺观，满怀热忱地祝愿祖国母亲，在经济上持续高速发展，人文与民生都有更好的提升。"期待明年春节，和家人团聚，感受家乡日新月异的发展变化。"贺观如是说。

宗泽宏

在哈佛大学探索数学王国

哈佛大学

在月光里思乡，
在星光下前行，
善用学术之力，
在实践中思索真理。

2018

这一年，总书记在多次讲话中强调："当前中国处于近代以来最好的发展时期，世界处于百年未有之大变局，两者同步交织、相互激荡"①"变革会催生新的机遇，但变革过程往往充满着风险挑战，人类又一次站在了十字路口"②。与此同时，逆经济全球化声音迭起，保护

注释

① 习近平（2018）习近平总书记在中央外事工作会议上的讲话。
② 习近平（2018）习近平总书记在亚太经合组织工商领导人峰会上的讲话。

主义和单边主义冲击国际秩序，囊括经济、文化、科技、教育、产业、生态等多领域在内的全球化进程，走到了一个尤为特殊的时刻。与之息息相关且处于蓬勃发展期的中国留学服务行业，头顶多了一缕阴霾。庆幸的是，阴霾颇小，终会被全球发展大势吹散。

就读于郑州某中学的宗泽宏，凭借对数学与逻辑推演的热爱，六门美国大学预修课程（AP课程）拿到满分成绩。更关键的是，此刻他正在积极准备"丘成桐中学

* 哈佛大学

科学奖"竞赛，尝试进行蚁群算法的多目标优化及应用研究。此次研究，成为他学术之路与留学申请路上的重要转折点。

做自己的领路人

"成长，最重要的是为自己寻找环境、平台与机遇。"泽宏如是说。在那个热烈的盛夏，计划本科阶段出国读书的泽宏，选择升入国际学校，一面继续在热爱的数学领域探索，一面准备各项标准化考试及相关活动。

在三年的准备过程中，最让泽宏印象深刻的，当数"丘成桐中学科学奖"。彼时，泽宏通过上网查阅论文、翻阅中英文各类书籍，对数论领域有了初步认知。2017年春，偶然接触到"丘成桐中学科学奖"的他，对数学奖产生浓厚兴趣。究其原因，一为寻找热爱数学，尤其是和他一样喜爱数论的同好者；二为检验所学，了解与全球优秀中学生相比，自己处于哪一水平。

在寻找研究方向时，一篇自然科学论文让他了解到蚁群算法——由蚁群一项特殊的计算最短路径的方法衍生出的仿生学算法。对此兴趣颇大的泽宏，一面研究蚁群算法，一面探索如何学以致用，解决现实问题。某次晚餐时，母亲随口抱怨道："网购的快递，送了一周还没送到。"这句话宛如"牛顿的苹果"，让泽宏一瞬间想到蚁群算法可做何用。

思绪爆发的他在母亲错愕的眼神中，钻进房间，正式将自己的研究命名为《基于蚁群算法的多目标优化研究及其在智能物流系统中的应用》，该研究旨在有效解决智能物流系统中的优化问题，以提高物流配送的效率并降低成本。

"回看自己的第一次研究，有点像摸着石头过河。"回顾来时路，泽宏感慨道："那时，我对学术研究的流程尚不了解，也缺少数学领域专业教授的指导。经常在某个地方卡住，不知该如何继续推进。所以从确定方向，到产出研究成果，花了整整六个月。但结果却很惨淡，我甚至连入围都未能实现。"

正是因为走过学术研究的弯路，泽宏才更加清楚地知道，正确的路应该怎么走。失败磨砺着他的内心。

其次是参加美式辩论联赛——中国最具规模的外语辩论联赛之一。在一场场辩论联赛中，泽宏不仅结识了来自全国各地的优秀国际高中生，还与其中多位同学结下深厚友谊，实现教育信息与活动机会的共享，组队参加"CTB全球青年研究创新论坛"，在分享中协作，在协作中共赢。

2017年9月，申请季悄然而至。此时的泽宏，不仅六门AP课程拿到满分，还取得了SAT考试1590分、托福考试112分的优异成绩。同时，通过"青年科学家数学计划"，获得斯坦福教授亨利·科恩的推荐信，为高校录取加码。此外，泽宏还获得王敬老师关于数学专业学习及未来发展的建议。

最终，泽宏获得哈佛大学、加州理工学院、宾夕法尼亚大学、圣路易斯华盛顿大学等八所美国顶尖名校的录取名额。

"我想应该没有人被哈佛录取后，会选择拒绝它。你知道的，这很难。"2018年9月，泽宏飞往位于马萨诸塞州剑桥市的哈佛大学，在这座历史悠久、人文多元、专业卓越、环境优美的校园里，开启大学生活。

了解一个真实的哈佛大学

见到哈佛大学的第一眼，泽宏就被它的宏伟与瑰丽震惊。

"这里有着与霍格沃茨魔法学校一样的食堂，玻璃上雕刻着各式各样的花纹，窗花很美，灯光也格外古典；还有多所各具特色的大学图书馆，怀德纳图书馆宏伟壮观，霍顿图书馆古典优雅，哈佛燕京图书馆蕴含东方韵味……每到一处，哈佛见诸典籍的历史、荣誉与创新在眼前静静伫立。"

美的建筑，仅仅是哈佛大学最不起眼的优点。更注重专业成长的泽宏，在这里遇见了一群对所学有热爱、有能力，更有"野心"的伙伴，遇见了引导他价值观转变的丘成桐教授——菲尔兹奖首位华人得主、中国科学院外籍院士、清华大学丘成桐数学科学中心主任，这位在微分几何、微分方程和广义相对论等多个领域有深入研究与杰出成果的数学家，成为泽宏数学深耕路上的"明师"。

"那时，我在学习专业与通识课程之余，迷上了计算机科学领域。恰好在一次会议中遇见丘老，希望他给自己推荐一门既在数学之外，同时又能在数学与计算机双专业的学习上有助益的课程。他当时给我推荐了'量子物理'，并详细解释道：'首先，量子物理的基础就是数学，数学能力卓越是学习它的基础门槛；其次，我未来比较看好量子计算机的发展。应用数学的突破要基于算力，算力的质的提升则依赖于量子计算机的发展；最后，学量子物理，可以让你提前了解这一领域，未来面对这方面的变化与革新，可以更胸有成竹、从容应对。'"

获得数学界大佬指点的泽宏，用轻松的语气给丘老分享了自己两年前参加"丘成桐中学科学奖"竞赛的经历，曾经的挫败、沮丧泯于笑谈间。从竞赛入围失败到与赛事创办人面对面请教交流，从中国内陆城市走到哈

*哈佛大学校园一角

佛大学，身边的一切都变了，不变的是泽宏对数学的热爱，对知识的无限好奇。

　　经过两年的深入探索，泽宏最终选择"应用数学"作为自己的主攻方向。在疫情席卷全球，每个人的正常生活节奏被打乱，生命安全遭受威胁之时，泽宏与导师、同学进行了一项名为"疾病模型预测与控制"的研究。

他们在流行病学家使用的 SIR 模型之上，发展出新的数学模型，用来预测新型冠状病毒肺炎（COVID-19）疫情的传播速度、感染人数峰值以及疫情持续时间，帮助政府和公共卫生部门做出更为科学有效的隔离、限制社交距离和疫苗分配决策。

"整个本科阶段，用数学模型解决实际问题的项目不少。但这一次研究将生命安全、政府决策、专业输出与社会价值紧紧联系在一起，且确实有被学校坐落的剑桥市采纳参考，让我至今难忘。原来，善用学术之力，能做成这样'平凡又伟大'的事。"泽宏如是说。

大学四年，除了在专业领域深耕，泽宏还在关注中国发展、研究中国问题、为中国发展建言的"哈佛中国论坛"担任重要组织成员之一，负责论坛前期宣传推广、中期会务组织协调、后期总结反思等工作，为论坛吸引更多优秀学子的关注与参加而努力。从大一到大四，每一年的论坛中都有他的身影。

"我清楚地记得 2019 年的主题是'同世界，共命运'，聚焦'搭建中美对话桥梁、中国企业国际化管理、中国教育国际化'等议题。能在这样优秀学子齐聚，共同关注中国、宣传中国、建言献策的活动里贡献自己的力量，我为之骄傲。"

流年如逝水，已经开启硕士阶段学习的泽宏感叹道：

"哈佛是一个多元包容的平台，每一个同学都'野心勃勃'地寻找适合的环境、机遇与平台，用独立的学习能力培养出更好的自己，正向内卷，累并快乐着。"

月光、星光，还有我

一年多没有归家的泽宏，在这个春节吃上了热乎乎的饺子，不仅有猪肉白菜馅儿的，还有香菇牛肉馅儿的。这源于哈佛中国学子的特别组织——春节这天，包括中国留学生、美籍华裔学生、中华文化爱好者在内的所有人，聚在一块儿擀饺子皮、调饺子馅儿、包饺子、煮饺子，再额外备点配菜。在这个特殊的日子里，被热气腾腾的氛围包围，让每一个"独在异乡为异客"的学子，短暂地寻回了归属感与年味。

偶尔，思乡的情绪会在月光与寒风叩响窗扉时，涌上泽宏的

心头。彼时,"留在美国工作,抑或回国发展"的问题就会再次浮现。

"在这里读了四年书,如果不留下工作几年,会成为人生经历的一场缺憾;可面对人才部分外流的现象,确实需要包括我在内的每一个留学生谨慎对待。滚滚黄河水,我亦在其中。"

泽宏的困扰,在丘成桐教授的影响下,豁然开朗。

"相比于纠结自己的短期计划,我学会将视野放远。研究丘老曾走过的路,他在擅长的数学领域钻研,成为菲尔兹奖首位华人得主,也在这一领域成为祖国的骄傲。同时牵头发起'丘成桐中学科学奖''丘成桐大学生数学竞赛',致力于为国家选拔、培养创新人才,为祖国的发展贡献力量。我不敢妄言自己能达到这样的成就,然心之所向,行之

* 赴阳而行

所往。"

相比于本科阶段，拥有更多学习时间的泽宏，沉浸在应用数学领域，例如：用布朗运动和随机微分方程模型分析和预测金融市场……

在月光里思乡，在星光下前行，善用学术之力，在实践中思索真理。泽宏坦言：**"你需要忘掉过往所有光环与荣誉，保持空杯心态，用自身的学习力与适应力，时刻更新'人生'这张地图。"**

Irene

从数学到金融，探索人生的多元可能

伦敦大学学院 & 帝国理工学院

人永远不会知道，
人生的岔路口会什么时候出现。
我们只能一如既往，奋勇向前。

2019

受父亲影响，Irene 进入高中后，便立下去英国读金融相关专业的志向。在留学申请的道路上，Irene 的 AP 课程表现极其出色，取得全部满分的成绩，但却在

托福与 SAT 上，遇到了难关。如何在局部的失败中快速建立信心，找到合适的解决问题的方法，是 Irene 这一阶段最紧急的任务。

✳ 伦敦大学学院

关关难过，关关过

"小时候，我很喜欢听爸爸讲生活中关于'钱'的故事。"

"拿到压岁钱后，菱菱准备怎么利用呢……"五岁时，收到压岁钱的 Irene 在父亲的讲解下，知道了"将钱存进银行，会有更多的钱拿"。随后她在父母的带领下，去银行办理存折，将每一年收到的压岁钱存进去。在父亲易懂生动的故事的引导下，Irene 对本金、利息、理财等内容，有了越来越清晰的认识，金融的兴趣在此时悄然种下。

中学时，成绩优异的 Irene，在父亲的分析与好友的影响下，选择进入万科梅沙书院就读，并为自己定下考入伦敦大学学院或纽约大学，修读金融相关专业的目标。

高中三年，如何在 AP 课程、SAT、托福等多项标准化考试中取得优异成绩，创办契合自身兴趣的社团，引领其发展，是 Irene 申请路上必须攻克的难关。这条路上，最初只有她一人踽踽独行。

"梦想与现实之间唯一的捷径，便是竭尽全力。"Irene 如是说。

高二时，Irene 从万科梅沙书院转入华南师范大学附属中学国际部，不仅需要适应全新的环境，还得备战托福与SAT考试。多重压力让她身心俱疲，就像一位鏖战多时却不见希望的将军，急需一位专业、富有力量的引导老师，为她指引方向。命运巧妙的安排，让Irene遇见带领她走出困境的专业老师。

* 伦敦大学学院校园一角

"接踵而至的考试，让我肩上的压力与日俱增。记得有一次考完托福，成绩竟比上一次低15分，我整个人沮丧极了。老师听到我的托福成绩，第一反应是震惊，脱口而出'这不可能是你的实力'。仅一句话，就让原本失望透顶的我萌生出希望。连我自己都丧失信心，不再相信自己的时候，老师相信我可以。这份信任，让我有勇气在黑暗中站起来，继续翻山越岭。"

这份相信的力量，让 Irene 在接下来的考试中，不仅五门 AP 课程取得满分，托福成绩足以申请海外一流院校，就连最让她担心的 SAT 考试，也通过努力取得 1450 分的优异成绩——据 College Board 发布的 2018 年 SAT 考试报告，分数在 1400~1600 的学生占全部的 7%。

通过不懈努力，Irene 如愿收到伦敦大学学院的录取邮件，开启人生新篇章。

探索自我边界

王小波曾说："人在年轻时，最头疼的一件事就是决定自己这一生要做什么。"对高中阶段便希望未来进入金融行业的 Irene 而言，随着探索的延伸，新的兴趣出现了。在宝贵的大学时光里，Irene 逐步探索自我边界，对未来产生了新的设想。

就读于伦敦大学学院数学与管理专业的 Irene，在这里接触到浩瀚的数学世界。

"我们学校的数学课程理论性极强，大一学习数学分析中的'复分析'。直到今天，我仍清晰记得这门课我拿到了 81 分（英国院校的成绩一般采用计分制，以英国某大学专业分数分布为例，取得 70~84 分的学生占比约为 1.37%。伦敦大学学院学生毕业总成绩在 70 分及以上即可授予一等学位）。大一期间对理论数学充满热情，认为只要自己认真学，就能够在该领域继续深研，甚至萌生了未来做数学相关研究的想法。"

转折发生在 2020 年。因为疫情，Irene 留在国内，通过线上授课继续学习。此时，数学课程进展到"实分析"领域，难度有了质的飞跃。越发艰深抽象的内容，让 Irene 意识到钻研数学需要天赋，这不是一门拥有热爱与勤奋就能取得卓越成果的学科。

认识到自己在数学方面的不足后，即使非常难过，Irene 也慢慢调整好心态，接受事实并竭尽所能，取得当下最好的成绩。

待在国内的这一年，Irene 除了在专业课上继续深入，付出百分之百的心血，还完成了两份实习工作，一份在深圳广发证券投行部 IPO 项目组，另一份在安永会计师事务所。在实习过程中，Irene 从事信息搜集、数据整理与分析、项目资料撰写等工作，注重观察在 IPO 项目中，券商的投行部关注哪些核心要素，审计重点核查哪些内容，各自输出的项目报告存在怎样的异同。

在两份收获颇丰的实习经历中，Irene 初步了解了券商与审计行业。但金融领域的范围太广，对自己毕业后是进入银行、券商，还是会计师事务所，Irene 深感迷茫。此时，一条信息将她带入新领域。

因为疫情，有部分在中国国际化学校任教的外籍教师未能顺利返回，学校提供线上教学的同时，号召优秀毕业生回校担任助教。这是万科梅沙书院的好友转给 Irene 的"内招信息"。Irene 主动联系自己高一时的班主任，积极争取。通过数轮面试，就读于英国 G5 院校之一伦敦大学学院的她，在 2021 年 9 月进入万科梅沙书院，开启助教工作。

"在对金融感兴趣之前，我其实想当一名老师。"在万科梅沙书院的助教岗位上，Irene 从最初的答疑解惑，到被学生们追着问问题，再到主持小型课堂，最后获得教学组长的赞扬。她明显感受到，学生们喜欢她的课堂，乐于向她请教问题，热衷于听她分享在英国大学里的有趣体验。

* 威尔金斯楼

通过教学与日常相处，Irene 体会到教学工作的独特内涵——助力学生成长，燃起教书育人的热情，甚至开始考虑"硕士阶段读教育专业"的可行性。

"人永远不会知道，人生的岔路口会在什么时候出现，但持续不断的尝试，让我在有限的时间里，体验了人生的不同状态。 无论是在数学领域获得成就感，在投行参与 IPO 项目实习，还是在万科梅沙书院当助教，不一样的经历让我触摸到人生的分岔路口，也使我在大学阶段，多听、多看、多学，逐步寻找自己真正热爱且擅长的领域。"

坚持就是胜利

2021 年暑假，Irene 开始筹备研究生申请工作。从申请资料梳理，到邀约推荐信，一切有条不紊地推进着。纵观整个申请季节，Irene 在一件事上理性思考，在另一件事上坚持到底。

申请之初，Irene 向老师认真咨询了自己读教育专业研究生，吸收专业知识，接受专业训练，未来从事教职工作的可能性。老师了解了全部信息后，给予了客观分析，让 Irene 明白了这一选择的利与弊。

首先，研究生阶段的教育专业，学习偏重理论研究；其次，一年制的英硕，不同于国内的教育专硕，没有充裕的时间参与一线教育实践；最后，继续在金融、数学、管理领域深耕，未来以专业为切入口，从事教育工作的可能性同样存在。

经过深入思考，Irene 决定申请管理与金融相关专业。许是念念不忘，必有回响，三年前的想法适时浮现。还记得本科申请时，Irene 研究过英国高校招生信息，当时看到帝国理工学院的金融与会计专业招收硕士，Irene 心动不已。此时，天时地利人和。

凭借优秀的专业实力与精心准备，Irene 在 2022 年 2 月如愿取得帝国理工学院心仪专业的录取名额。从数

※ 帝国理工学院局部

学与管理专业跨到金融与会计专业，这意味着她将在一个全新的领域扎根。

入学两周，Irene便意识到她的同学对部分会计知识点及背后逻辑不言而喻，而Irene则需额外花费时间和精力去系统学习。

在父亲言传身教的影响下，Irene从小养成了遇到问题、分析问题、聆听建议，然后用严谨的逻辑思维与实事求是的务实态度解决问题的习惯。面对这次困难，Irene依旧保持着冷静务实的态度，一面补习旧知识、一面跟上授课进度，用勤勉的行动、深入的思考、专业的深耕，保证自己在新学期新专业取得出色成绩。

以一等荣誉学士从帝国理工学院毕业后，Irene入职中国银行伦敦分行，在银行的企业业务部门担任客户经理一职，承担企业客户沟通、银行账户监管、完成年审报告等工作。

独在异乡为异客。Irene分享道："一个人在英国，想家里人了，遇到难事了，都会通过练书法沉淀自己。关于未来，我希望在英国历练几年后，回国发展。"一如多年前，Irene在留学申请文书中许下的志向——学习英国金融体系的优势，为中国银行业未来发展贡献力量，为人们带来更多的便利。

第四篇章

2020-2024年

助力中国未来发展,
少年强,
则国强。

夏正（化名）

从宾大回归清华，致力于建设未来中国投资并购市场

宾夕法尼亚大学

我们这个时代，
不缺完美的人，
缺的是真实。

2020

2020年3月，习近平总书记出席二十国集团领导人特别峰会，并发表题为《携手抗疫 共克时艰》的讲话，强调重大传染性疾病是全人类的敌人，国际社会最需要的是坚定信心、齐心协力、团结应对，全面加强国际合作，凝聚起战胜疫情强大合力，携手赢得这场人类同重大传染性疾病的斗争，倡议坚决打好新冠肺炎疫情防控全球阻击战，有效开展国际联防联控。①

中国留学行业同样受到疫情影响。据全球化智库发布的《中国留学发展报告蓝皮书（2023—2024）》载，受新冠肺炎疫情、签证签发受限等因素影响，根据非公开数据（第二十届中国国际人才交流大会上相关领导讲话），2020年出国留学人数降为45.09万人。②

这一年，就读于中国人民大学附属中学国际部的夏正，因卓越领导力、斯坦福人文夏校背书与学术专著的加持，被宾夕法尼亚大学政治、经济与哲学专业录取。此时，全球疫情形势严峻，能否如期赴美留学成为全体留学生心中最急迫的问题。

注释

① 习近平（2020）《携手抗疫 共克时艰》——在二十国集团领导人特别峰会上的发言。
② 全球化智库（2024）《中国留学发展报告蓝皮书（2023—2024）》。

人大附中的学生不一样在哪儿

夏正第一次认真思考未来,是亲眼见证姐姐历经漫长而重复的高三后,最终被北京大学元培学院录取。"姐姐的录取结果确实特别好,可将青春最宝贵的年华投入备考和练习中,是我真正想要的吗?"

带着这样的疑惑,夏正在与父亲、姐姐、老师进行数次深入沟通后,最终决定转去学校国际部。即将步入十一年级的他,一面寻找能为申请提供助力的服务老师,一面通过哈佛北京校友会了解美国心仪高校的申请工作,怎么做,更出彩。

2018年,人大附中校团委办公室内,一位身穿红白相间校服的高二学生,结合自己初中拍电影的经历,条理清晰地向几位校领导建议"让初一、初二、高一年级全体同学参加学校第十三届电影节"。

此前,人大附中电影节由高二年级全体学生,以班级为单位参加,从策划到剧本,从拍摄到后期,参赛的每一部作品都是由学生团队原创。"我当时有两个目的,一是为所有学生争取原本属于他们的参与活动的自由,二是希望校领导理解,拍一部电影,对一个学生来讲是多么难得的综合提升的机会。参赛电影的时长虽然只有几分钟,但背后的剧本迭代、拍摄现场的调度、临时问

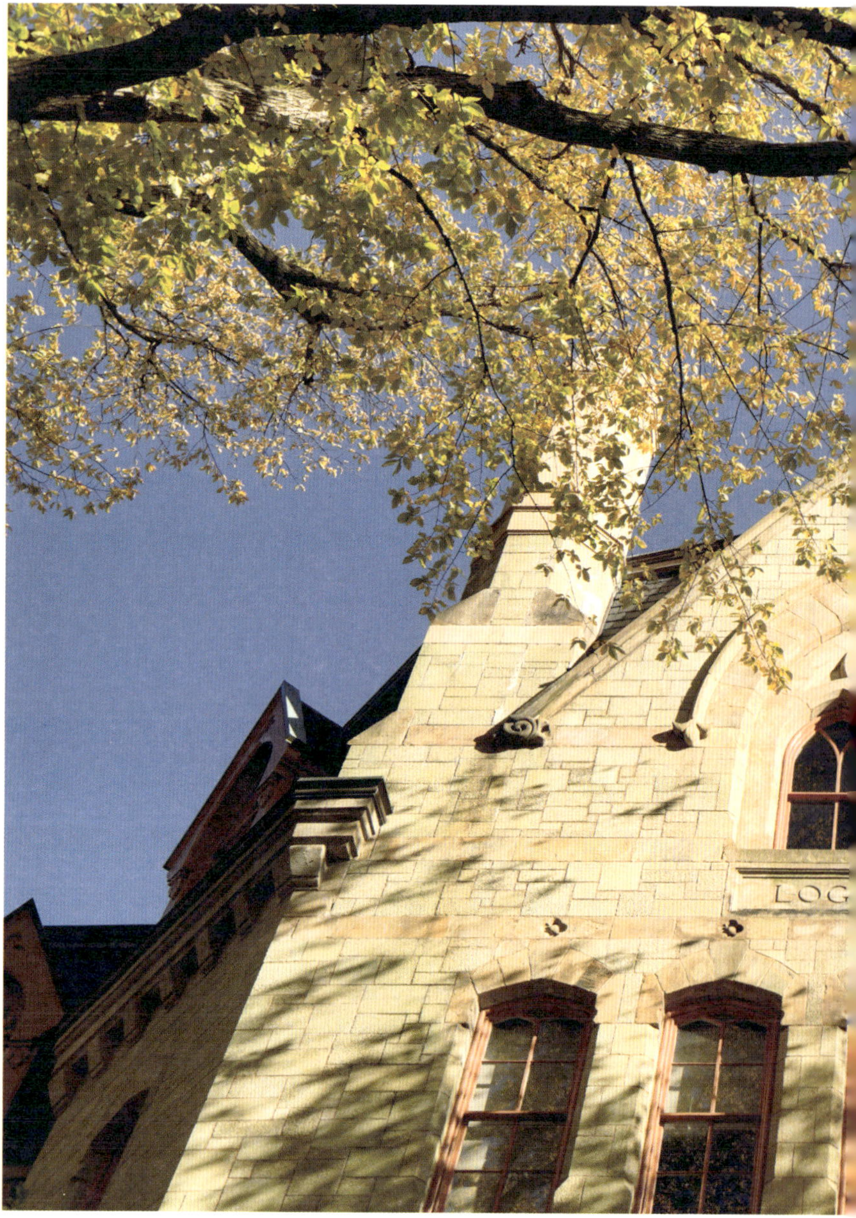

* 宾夕法尼亚大学

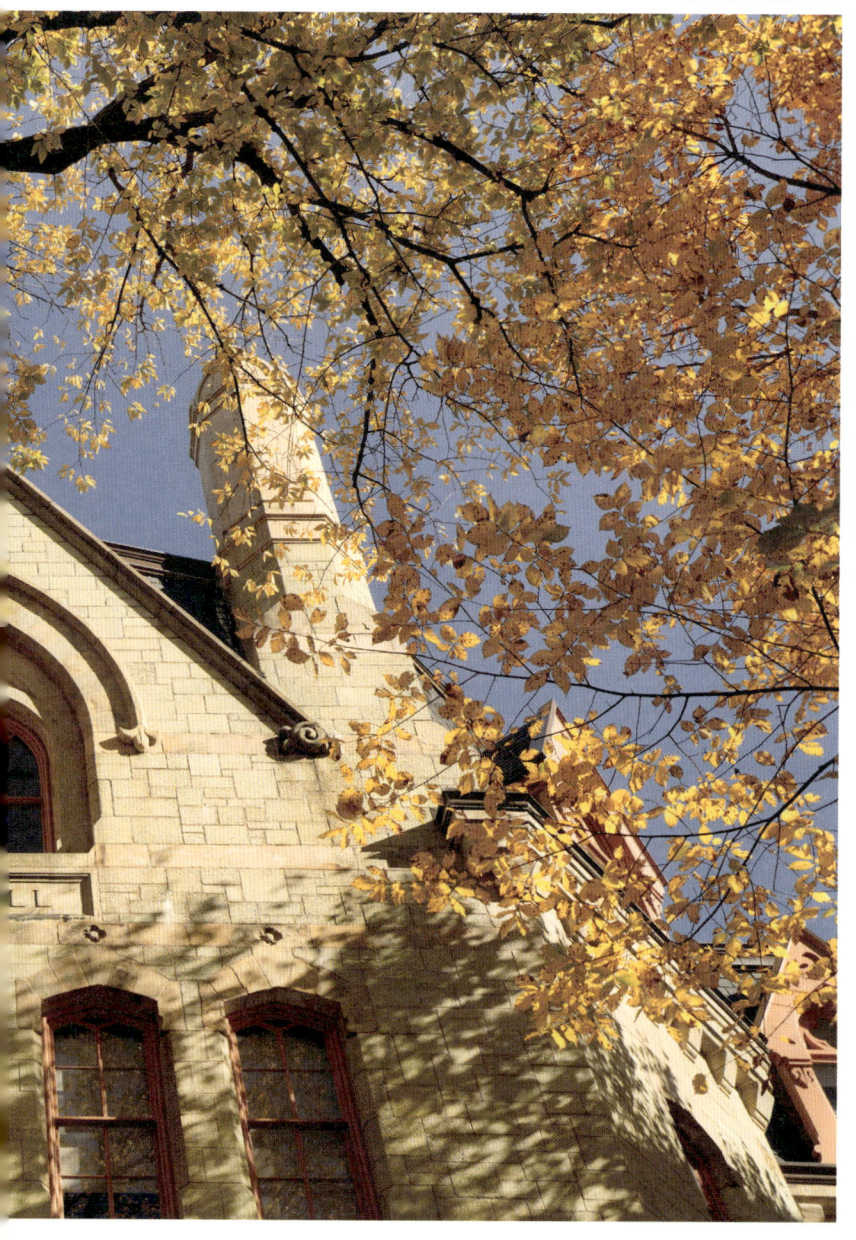

题的处理、成本与效果的取舍……这一系列工作不仅能锻炼学生，还能让团队成员在这一过程中找到契合自身能力的岗位，边行动，边思考，解决实际问题，产出最终成果。拍电影这么锻炼人的事，初一、初二、高一年级的学生岂不是更应该参加？"

作为活动的重要负责人，夏正说服了校领导，在和学校行政部门老师、年级组长及团委沟通后，将参加活动的权利还给了学生。此次电影节上，五十余部原创影片参赛，数量是往年的三倍，横跨人文纪实、历史文化、科幻、悬疑、校园等类型，创造了学校电影节历史最高纪录；同时，夏正联合人大附中校友的 AR 创业团队，引进 AR 技术，开发了"AR 电影节"App 并进行实体布展，在影片宣发与展映时达到裸眼 3D 效果，实现集宣传、观影、影评于一体，确保每一部由学生用心制作出来的电影，都能获得认真对待与支持认可。

除电影节外，夏正一直在思考一个问题——如何将自身对学术的兴趣打造出社会影响力。在老师的协助下，夏正发起政经哲大会，选拔出百余位对人文社科领域有研究的学生，或带着研究成果，或带着独到见解，前往北京参会。

夏正分享道："学术研究不仅要埋头钻研，也要开眼看世界。政经哲大会是一场以学术会议形式展开的校际人文'学者'的联合活动。既有全国性的范围广度，又带有一定的学术纵深。让在政治、经济、哲学领域持续进行学术探索的中学生，在这里分享自己的研究成果，和志同道合者交流讨论。"

经过不懈努力，夏正拿到宾夕法尼亚大学、约翰斯·霍普金斯大学、达特茅斯学院、加州大学伯克利分校、南加州大学等一众名校的录取名额。

"走出去，是为了更好回归"的夏正，选择了宾夕法尼亚大学政治、经济与哲学专业，在这个与商业社会关系最密切的大学里，从少年成长为青年。

天之骄子成为寻常态

因为疫情，夏正和大部分新生一样，留在国内上网课。其间和宾大同学在北京中关村 SOHO 发起了一个名为"116 度"的留学生共享空间。让许多受疫情影响，遍布在全国各地的留学生也加入进来，相互鼓励，共同进步。

谈到在宾大上过印象最深刻的课程，夏正分享了积极心理学学科创始人、1998 年当选为美国心理学会主席的马丁·塞利格曼主讲的"积极心理学"。积极心理学的研究从传统的如何让病人恢复健康，转向如何让健康的正常人活得更幸福快乐，发挥自己的潜能。它采用科学原则和实证方法来研究"幸福"和"快乐"的外延和内涵,揭示如何科学有效地激发和培养人类最积极的品质。其中一项课后作业,是让每名学生在手机相册里挑选十五张让自己感到快乐的照片,用几句话记录下看到这些照片时的感受,并将自己挑选的照片和文字感受汇编成一个相簿。

"这听起来像是在哄小孩儿一样,可是当你真的花一两个小时,在自己的相册里寻找,无论是让自己感到有成就感的瞬间,还是跟亲朋好友相处的时光,当把这些带有美好回忆的照片挑出,写下看到照片时的记忆和感受,超乎想象的愉悦反应呈现在身体与大脑中。"夏正的眼眸中闪耀出星星般的光芒,这门课程,真实地为他的生活注入了幸福。

"来到宾夕法尼亚大学,身边的同学每天都在谈论着世界上最高薪亮眼的工作,最值得投资的技术与行业,未来的世界经济形势……坦白说,这

几年我整个人始终处在非常高压的状态中，身边永远有比自己聪明勤奋、拥有更多优势与资源的人。原本我只是被马丁·塞利格曼教授学科奠基人的权威性吸引，但却在上课的过程中，被他'让自己活得积极幸福'的研究目标与方法感染。我们很多时候淹没在名利场，迷失在世俗巨大的压力与无尽的竞争中，渐渐忘了如何放慢脚步，找回快乐，找回生活的意义，找回属于自己的诗和远方。受这门课影响，我回归初心，慢慢学会与自己和解。"

除了让人获得幸福的积极心理学课堂，宾大的商科同样卓越，其中最著名的当数沃顿商学院。就读政经哲专业的夏正，大二时决定专注"行为经济学"领域，并在"科技与企业创新"这门课上，结识宾大主管企业创新的沃顿商学院副院长洛丽·罗森科普夫教授，在她的指导下做了几个中国早期创新加速器的孵化案例研

* 宾夕法尼亚大学局部

究；与这位教授更深入的交流合作，则在夏正与多位研究生朋友联合创立宾大贵格创投俱乐部后。

2021年，夏正与多位朋友共同创建了一家专属华人的创投俱乐部——宾大贵格创投俱乐部。身为联合创始人的他，致力于为华人初创公司提供综合金融财务研究及咨询服务，包括但不限于行业投资研究、投资者关系链接、市场及商业战略规划等业务。如今，社团已有上百位成员，成功邀请到多位顶尖中美风险投资人和上市公司企业家担任导师。

* 宾夕法尼亚大学一角

之所以萌生这一想法，是因为在沃顿内部，针对华人创投的需求，尚未被系统性地满足。"大家普遍反馈，作为学生融资非常困难。首先是完全不熟悉这一套融资生态；其次是既没有投资人的人脉，也不具备专业的知识；最后即使找到投资人，也不知道该如何设计交易架构，或者缺乏谈判估值的经验。因此，让擅长金融和投资的学生指导在技术或产品领域富有创新思维的华人学生群体，赋能初创公司找到商业路径，整合资源，实现系统的商业变现，是俱乐部创办的初衷之一。"

与洛丽教授合作时，夏正真切地感受到"课内是师生，课外是合作伙伴"是一种怎样的体验，坦言："只要我主动去找教授，每一项需求她都会尽力而为。如果碰到特殊情况，她也会为我对齐资源。例如，我申请清华大学苏世民书院的推荐信，便是由洛丽教授亲自撰写。"

除此之外，夏正还辅修了计算机科学相关课程，对计算机的底层架构、代码编写、系统及软件的开发进行了系统性了解，从而更好地服务未来职业发展。

舍我其谁

"每个人都有不一样的活法。有的人在乎探索知识的边界，有的人在乎财富多少，有的人在乎绝对权力，有的人在乎社会平等，有的人在乎家庭是否和睦、生活是否幸福……"

当被问及人生中最在乎的是什么时，夏正坦言："这是到今天为止，我还没有完全想明白的问题，只能浅谈一下自己在职业方面的追求。"

大学期间，夏正利用假期时间，先后参加了腾讯投资海外并购组（中国排名第一的战投）的暑期实习、摩根·士丹利科技投资银行（世界排名第一的科技投资银行）的暑期实习、高瓴资本（亚太排名第一、亚洲管理规模最大的私募股权基金）医疗组投资并购暑期实习、厚朴中国科技投资与并购及美银美林（世界最著名的证券零售商和投资银行之一）投资银行暑期分析师等多段实习，将所学所思运用到资本市场，在一级市场的全产业链中从早期到晚期、从卖方到买方，用实践检验真知，用实践锻炼操盘能力。

基于专业判断，夏正看到中国资本市场未来五到十年，会出现一波大的并购浪潮。一如联想在 2004 年收购 IBM 公司 PC 业务，走出国门，实现中国企业的国际化。跨境并购及整合是时代前行的浪潮，也是一项极其复杂的、专业度要求极高的系统工程，需要一批掌握专业投资并购知识、拥有丰富操盘经验的行业分析师来操作。而这，正是夏正擅长的地方。

从清华大学苏世民书院毕业后，夏正希望有机会加入顶尖外资美元基金或者八大外资投行的并购重组团队，上手操盘东南亚地区、欧洲和美国的国际跨境并购项目。在实战中积累足够的经验后，夏正希望独立创办一项专注于大中华区的国际跨境并购基金。这一基金团队既拥有极高的国际化并购专业度，蕴含国际投行的丰富经验，又带有非常清晰的中国视角，不仅能见证中国并购市场的崛起，而且能够成为推动这个市场发展的重要力量。

"以上便是我现阶段职业发展的计划。如总书记所说：'**不拒众流，方为江海。**'诸君共勉！"

钟意（化名）

深耕社会心理学，用热爱与关怀拥抱内心宇宙

莱斯大学

有些人仰望星空，
选择征服星辰大海；
而我之所愿，
是探索人类内心
这片浩瀚的宇宙。

2021

这一年，中国学生海外留学的需求依然强劲，出国留学正在稳步恢复。

来自北京某中学的钟意，初中阶段便开始阅读心理学、社会学相关书籍，对该领域产生了浓厚兴趣。初升高时，钟意与父母深入分析了高中本部与国际部的课程规划与升学出口。希望本硕阶段进入世界一流高校，学习前沿心理学知识，体验多元文化，锻炼自身各项综合能力的钟意，决定进入北京师范大学附属中学国际部，迈出接受国际化教育的第一步。在青春最珍贵的三年时光中，钟意发散思维、拓展兴趣、多维输入、观察社会，将所学、所思、所获学以致用，为未来学业与职业发展持续赋能。

用学以致用链接社会

钟意第一次对心理学感兴趣，是阅读到《乌合之众》与《路西法效应》。由古斯塔夫·勒庞与菲利普·津巴多带来的心理学实验及分析，里面既有让钟意赞同的部分，也有让她持怀疑态度的部分。怀抱着寻找更加科学、系统、专业的理论支撑，钟意开始了心理学的探索之旅。

探索从输入开始。受到哥伦比亚大学学长举办的读书沙龙活动的影响，钟意意识到讨论和思想交互的重要性，决定利用线上群聊的形式发起一个有关心理学的读书沙龙活动。在接下来的每周六中午,她与志趣相投的朋友们共读、交流、分析、延展了一本本心理学相关书籍,如《自私的基因》《对"伪心理学"说不》,并将探讨过程中大家的观点及思考汇总,精心提炼成文章分享在公众号上。钟意也在持续不断的阅读、思考与碰撞中,从一名心理学好奇者,逐渐转换身份,成为朋友中小有名气的心理学科普达人。

高中三年,突如其来的疫情,让钟意原定的计划被迫搁浅。甚至新学期能否顺利开学,都成为萦绕在千千万万学子与父母心上的难题。面对现状,一方面,政府教育部门积极汇集各项力量,推出北京中小学智慧教育平台,采用网课形式恢复新学期教学工作;另一方面,钟意也在特殊时期里,将观察的目光从学术理论转移到生活中,觉察到女性——尤其是身为母亲的女性角色,相比于男性,承受着更重的压力与责任。于是,钟意与朋友自发组织了一项"疫情下母亲角色的社会调研"活动,通过面对面访谈,记录女性在家庭中的付出,量化分析疫情下母亲的压力与劳动增加情况,研究促使女性在家庭中付出更多劳力的各项因素,以及以被访者为代表的女性当下的想法及影响因素,剖析她们那些几乎无人可说而藏于心中的担忧与期待。

此时,一位在小区理发店从事头皮护理工作的女性的经历，发生在钟意眼前。

"孩子你不看谁看……这点小事都做不好！"因为九岁的小女儿手指不小心被划破，隔壁的丈夫正对着妻子大喊大叫，声音穿过厚厚的墙壁，传入钟意的耳中。类似的情景在居家期间，已经上演无数回。

通过多次接触，钟意获得与这位女士深入沟通的机会。钟意与伙伴们以此为起点，开始记录女性在日常家庭中需要承担的工作量，既包括有形的家务劳动，也蕴含着无形的情感付出。大到忧心孩子的升学，小到操心厨房里酱油的添置，几乎每一位家庭中的女性，都身兼数职——财务分析师、家庭教育责任人、心理辅导师、采购专员、家务达人……甚至还需做好婚丧嫁娶的人情往来，在儿媳、妻子与母亲的多重角色里，落实好上述各项事务。这份工作没有期限，没有奖励，甚至没有保障。

钟意一面访谈记录，一面梳理思考。她逐渐意识到"女性有如此之多'未被社会看见的付出'，而它们需要被看见"。于是，在完成调研后，钟意逐步将自己的研究重心，从心理学理论研究转移到通过各式媒介传播"女性的力量"，并持续至今。

一个因不赞同作者部分观点而开启心理学探索之旅的小女孩，逐步成长为观察社会、发现不公、思考问题并尝试用自己的知识与力量影响他人的前行者。正如钟意的申请文书所言:"知识的奠基、语言的力量与改变的信心给了我勇气,让我敢于去面对被社会忽视的问题,而我们每一个人的体内,都蕴藏着同样的勇气。"

用学以致用链接社会,让钟意在集能力、实力、心态、运气于一体的海外高校申请赛道上,用热爱走出了属于自己的独特道路。

✻ 莱斯大学

亲爱的莱斯大学

持续成长的钟意在 AP 课程系统内,选择了心理学、微积分 BC 与语言写作作为主修课程。除 SAT 考试因特殊时期考点被取消,没能参加外,各门课程、托福考试均取得优异成绩。临近申请季,钟意意识到,自己一直在做想做的、热爱的，却较少了解梦校录取学生的要求与筛选机制。

纵观各大高校招生官网，硬性标准只是申请的准入线。各大院校因地理位置、历史底蕴、发展历程与培养目标的不同，在录取学生时，均有自身独一无二的筛选标准与机制。一位经验丰富的指导老师，不正是自己申请梦校的重要保障吗？

此时，钟意最想去的高校是莱斯大学。距离她初一那年首次走进莱斯大学的校园，漫步在拜占庭风格的建筑边上，五年时间悄无声息地流走。

与心有灵犀的老师相遇，从文书的头脑风暴，到各项申请资料的梳理与提交，再到模拟面试，老师陪伴着钟意，一步一个脚印，稳扎稳打，用实力收获莱斯大学的录取通知书。

当被问到大学期间最常遇到的困扰有哪些时，钟意露出一抹无奈的笑，坦白道："偶尔会遇到亲友误解，问我为什么花那么多钱去国外读一个'野鸡大学'。在大家的印象里，比较熟悉的国外高校有牛津大学、剑桥大学、哈佛大学、耶鲁大学、哥伦比亚大学，稍微了解一点的听过普林斯顿大学、斯坦福大学、麻省理工学院、约翰斯·霍普金斯大学，蛮少听过莱斯大学的新闻报道。虽然经常被误会，但我非常庆幸自己来到莱斯大学读书。"

莱斯大学是一所坐落在美国得克萨斯州休斯敦市的私立研究型大学,素有"南方哈佛"之称。钟意分享道:"排名是给外界看的,一个学校真正的内生态,只有身处其中的人,才真正拥有发言权。我们学校本科加研究生约七千人,而教职工则在一千人上下,1∶7的师生比,落到实处,校园体验非常特别。教授不仅是讲台上带领我们探索真实世界的引领者,还可能是日常生活中的饭搭子。来这里读书,最大感受是教授非常专业,也非常

※ 莱斯大学校园一角

亲切。例如教我'社会心理学'课程兼担任实验室领导人的教授，我超喜欢她。"

在学习通识课程与专业课程之余，钟意还在大一、大二的暑期分别参加了北京智源人工智能研究院与中债金融估值中心的实习。从学生转变为实习生，卓越的学习力让钟意快速适应了实习工作，不仅协助成果转化部经理完成了系统专业的"机器人行业研究报告"，更是在行业研究工作中，积累了人工智能、机械制造、工业机器人与未来社会发展等多方面的专业知识。

※ 莱斯大学校园一角

"刚参加实习的时候,我有幸跟随经理及部门领导旁听部分学术属性非常强的会议。坦白讲,跨领域的前沿学术内容,从初次接触到深入了解,其间做了大量补习。'机器人行业研究报告'这一项目,从资料整理到汇总消化,我跟着研究院老师的节奏,一点一点往前推,直到报告最终定稿。那一刻心中升起的成就感,将我全部的疲惫洗刷殆尽。有幸参与一项如此专业的调研,我的收获远远大于付出。"

钟意从为报告鏖战到天明的记忆中回神,怀念道:"将来,我从事人工智能或智造领域工作的概率较小,但通过那个暑假的实习,我解锁了一枚名为'勇敢'的勋章。从那以后,曾经接触新领域、新知识,干一件特别难的事时,偶尔会出现的'畏难'情绪,如今全部化为对新事物的好奇与迫不及待迎接挑战的动力。用好奇心拥抱新事物,期待在充满挑战的世界里大干一场。"

我之所愿

如今,钟意在莱斯大学主攻心理学与经济学——跨学科修读是莱斯大学对学子们的期待,跟随实验室教授推进以"世界五百强企业内部多样性"为主题的课题研究,将所学心理学知识运用到实际研究中,继续心理学领域的深耕。同时,兼顾未来职业发展广度,在经济学领域下足功夫。

关于未来，钟意预备在莱斯大学读完双专业，硕士阶段进入心理学或经济学专业实力顶尖的院校，继续深造。

最后，钟意从理想与现实的角度重申："我既然学了，就要学到最好。尤其是与我们每一个人关系密切的心理学专业。有人仰望星空，选择征服星辰大海；而我之所愿，是探索人类内心这片浩瀚的宇宙。如果将心理学领域比作一份地图，我将不断拓展，持续精进，争取点亮一条新的道路。当社会与祖国需要时，用所学帮助更多的人。"

马逸豪

深耕生物领域，献身医学发展

加州大学伯克利分校

技术一直存在于大自然中，
我们发现了它，
并谨慎地尝试让它服务于人类。

2022

毕业于人民大学附属中学国际部的马逸豪，初中时便在物理与生物领域打下扎实基础，高中阶段加入北京理工大学生物医学工程项目组，跟随导师、数位博士生进行"血管相关疾病血流动力学"相关研究。本就对生物充满兴趣的逸豪，在实验推进过程中，逐步迈入生物医学领域。为了实现本科阶段前往学术自由度高、实验资源顶尖的世界一流大学深造的目标，也为了在众多申请者中脱颖而出，顺利进入心仪的院校，他开始寻找留学规划与申请的关键助力。

机会留给有准备的人

"人生就像抛硬币，当结果已定，能把握的只有坚定选择，做到最好！"这是 2019 年 6 月，逸豪最真切的感受。

因中考失利，逸豪在母亲的建议下扬长避短，参加北京市多所公立学校国际部的入学考试，出色的综合成绩，加上流利的口语表达，让逸豪顺利被中国人民大学附属中学国际部录取。转入国际化教育赛道，紧随而来的是语言要求、学术研究、国际课程、社团活动……这些都需要逸豪一步一个脚印，扎扎实实去准备。

对比英美两国院校的学术氛围与录取偏好等多项因素后，逸豪更倾向留学英国，因此选择了 A-level 课程，将重心放在物理、生物、化学三门课程上。

2019年,逸豪在筹备托福考试的过程中,经老师介绍接触到北京理工大学生物医疗工程领域的教授,其团队正在筹备一个实验项目。在与教授深入沟通后,逸豪对其研究产生了浓厚兴趣,于是抱着尝试的态度,申请加入项目组。原因有二:一是家中长辈曾做过相关手术,他希望掌握该领域前沿理论与实验研究,关注家人健康程度,为长辈身体疗养提供科学建议;二是希望借此机会,在研究项目的理论探索与实操中汲取专业知识。

"在人年龄偏大或身体状况变差时,血管也会变得老化或薄弱,但若心脏泵血能力依然强劲,强劲的血流会冲击血管壁造成动脉血管夹层或动脉血管瘤,还可能造成一定程度的贫血,脑部血管瘤破裂更是会造成神经功能障碍等严重后果。教授正在研究的'人体循环系统重构模拟及血流动力学评估',便是为更好地解决这一问题而开展。"

"我积极主动的态度与钻研精神打动了教授,于是非常幸运地进入组里,跟着教授忙了整整一年。"谈起自己的第一段科研,逸豪的眼里闪烁着热爱的光芒。

高中生进实验室做研究,前期的准备工作必不可少。

逸豪分享道:"首先,教授会给我讲解项目的研究目标、理论知识、运用技术及原理、研究过程——将患

❋ 实验中的马逸豪

有血管相关疾病的患者的连续 CT 图像转换成 3D 建模；其次，建模过程中会进行极其复杂的操作，组里的博士生会教我怎么一步一步调整阈值，在 CT 图像中选出病人血管的位置与形状，再导入建模软件，通过加入不同参数，预测血管内流体的多种情况；最后，在熟练掌握理论知识与建模操作流程后，2020 年暑假，我进入实验室参与建模、测试与实验。"

在逸豪全身心投入实验室研究之时,父亲的肺部恰巧查出血管瘤,回家后他紧张地询问逸豪:"你是不是在做这方面的研究?到底怎么回事?要不要处理掉?"

血管瘤是一种因血管薄弱或老化,被血液冲刷出来的先天性良性肿瘤,如其有出血倾向,临床上会采取切除处理。而逸豪所在实验室的研究,便是将真实病例的血液循环系统,通过 3D 建模重构模拟,为已经存在于人体循环系统的疾病提供科学预测、精准分析、治疗辅助。

同时,预测病人身上可能形成动脉血管瘤或循环系统相关损害的部位,后续的跟踪调查证实了预测的精准度,实现"防之于未萌,治之于未乱"。

"能够加入这项前沿且极富实用价值的医学工程相关研究,是我的荣幸!"在压力与挑战下,逸豪跟着实验组大干了一场,不仅明确了未来的发展方向,还系统地掌握了学术研究如何做,收获了一份珍贵的实验经验。

黎明前的黑暗

纵观整个高中,逸豪在前两年集中精力打好基础,探索学术。深入生物医学领域研究的同时,逸豪也没有落下校内功课。在语言标准化考试上,顺利拿到 106 分;

在首次 A-Level 课程考试中，三门均获得 A。对此尚不满意的逸豪，继续冲刺学习。

转眼来到申请季，逸豪在申请过程中遭遇的意外与挑战，首先来自身边同学的申请策略。

"从个人偏好到各项准备，我都更适合申请英国高校。自己也比较心仪牛津大学与爱丁堡大学。和同学一聊，发现绝大部分'主攻'美国名校的同学，选择了多国联申策略（指学生在申请阶段同时申请多个国家及地区的多所高校），与我共同竞争英国高校的录取名额。他们有 ABCD 多个选择，而我只有 A 选项，很大程度上拔高了我的申请难度，降低了我被录取的概率。为提升录取率，我在临近申请的关键时刻，同样选择了多国联申。整个人心里憋着一股劲儿，想要证明自己。"

确定"多国联申"后，需要准备的针对性申请资料成几何倍增长，时间非常紧迫。逸豪基于曾深度参与的《生物医疗工程的人体血液循环系统重构》课题，将申请文书的重点放在研究经历、学术能力与成果展现上，重点突出自身的钻研精神与科研能力。

在申请策略上，逸豪忍不住分享道："当时加州大学系统内生物专业的申请量过高，而美国高校的录取邮件并不会明确学生录取的专业，只会提及某某学院。进入该学院后，想学什么是我的自由。这一信息让我另辟

※ 加州大学伯克利分校

蹊径，对申录帮助极大。"

其次，遭遇高校拒绝后，如何实现健康心态的保持与自信心的重建。

相信每一名国际学生，都经历过焦灼的等待与被拒时的自我否定。

黎明前的黑暗，在申请提交那刻起，悄然而至。

谈及这段难熬的日子，逸豪感慨道："我曾经一天内收到七封拒信，那时整个人非常痛苦压抑，不知道将来会是什么走向，'没有好学校要我'的想法曾一度在脑海里徘徊。于是，我只能一面通过运动缓解自己高度紧绷的神经；一面化压力为动力，继续学习前沿专业知识。"

事实证明，等待录取结果就如"静待花开"，有的人早一点，有的人晚一点。最终，在优异的 A-level 成绩、突出的学术研究、出色的语言成绩与关键的申请策略加持下，逸豪在 2022 年春，顺利获得加州大学伯克利分校、伦敦大学学院、多伦多大学等多所高校的录取名额。

综合考虑学校的全球排名、学术实力、师资力量等多项因素后，逸豪最终选择进入加州大学伯克利分校就读，在这个汇聚一流学术资源、顶尖实验室及器材、生物领域诺奖得主、生物医学前沿技术的学校，继续深入生物领域的研究。

探索生物工程从养细菌开始

"校园好大,阳光好晒"是逸豪对加州大学伯克利分校的第一印象。

逸豪所学的课程既包含基因学、综合进化生物学、有机化学、数学、物理等专业课程,也包含经济学、社会学、历史学、旧金山湾区地理学、斯拉夫文学等通识教育。逸豪本人特别喜欢"基因学"这门课程,该校的珍妮弗·杜德纳教授与德国柏林马克斯·普朗克病原学研究室的埃玛纽埃尔·卡彭蒂耶博士因发现CRISPR-CAS9基因编辑技术,共同获得2020年诺贝尔化学奖。这项技术的发现过程、技术原理及可实现方式,正是"基因学"课程的重点之一。

学习如何谨慎地使用类似CRISPR-CAS9基因编辑技术的工具,尝试从更加微观的层面解决过去、现在束手无策的医疗难题,让对分子层面的医疗技术充满兴趣的逸豪格外激动。

疯狂汲取专业知识的同时,逸豪积极加入一个从事生物工程领域研究的实验室,开启养细菌日常。"我很喜欢探索大自然奥秘的研究,在这份研究中,我的工作是观察细菌在不同阶段的生长速度,控制各项变量并分析可能存在的原因,研究每项变化背后可能代表的意义,以及可能蕴藏的假设与猜想。"

"一次实验周期会持续六天,我需要每十分钟给四万个细菌拍一次照。于是我在实验中引入训练好的 AI 模型来识别细菌形状,用像素点变化记录细菌的生长速率,通过编码将细菌的周期成长进行线性回归拟合。把烦琐、容易出错的步骤交给机器,人类才能真正把精力投入科研之中。"

受实验影响,逸豪选择了自己擅长且热爱的分子生物学作为主修方向,辅修数据科学。

AI 模型的运用加速了细菌研究及运用的理论讨论与实践。逸豪在博士生的带领下,根据团队现阶段成果,推进学术论文撰写工作。待到实验项目完成,逸豪计划加入一家研究抑制癌症基因的生物实验室,开始该领域的学习研究。

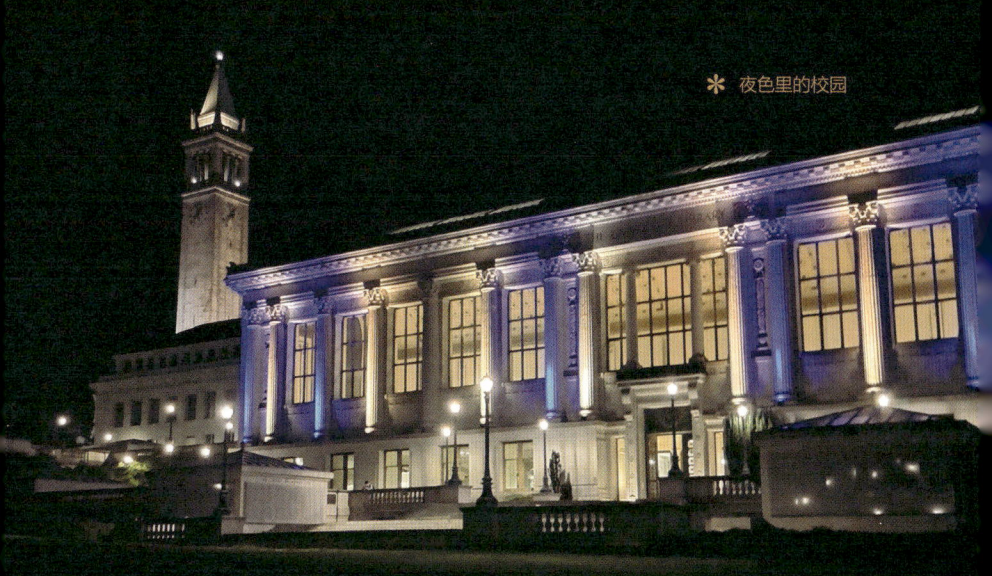

＊ 夜色里的校园

"如何科学利用已发现的前沿技术，抑制癌症基因是我下一步的目标。在研究上，我们要充分发挥主观能动性，用智慧与力量去探索自然、揭秘自然；在临床运用上，我们则需要保持对自然的敬畏、生命的尊重、伦理的遵守，例如 CRISPR-CAS9 基因编辑技术，这项技术一直存在于大自然中，我们发现了它，并且谨慎地尝试让它服务于人类。"

未来，逸豪将在分子生物学、分子医疗领域持续钻研，本硕博连读，持续追寻更加前沿、先进、高效的医疗技术，用自己的专业知识与技术，尝试解决医疗领域内存在的癌症难题。同时，致力于生物医学的科学普及，用浅显易懂的描述，让越来越多的人了解身体的奥秘、疾病形成的原理，培养健康生活、防微杜渐、科学就医的良好习惯。

想到漫漫科研路，逸豪露出略显腼腆的笑容，认真道："虽然在生物医学领域，我还有很长的路要走，但我非常期待学成归国的那天。"

贺嘉乐

出发！
用热爱与创造影响世界

麻省理工学院

期待在未来，用汉语语言学与汉语人工智能研究，帮助更多的人。

2023

自 2019 年 12 月起，突如其来的新冠肺炎疫情对中国乃至世界上每一个家庭、每一个个体的工作、生活、求学、发展都产生了不可忽视的影响。其中，选择国际教育路径的家庭与学子，面临来自内外部的巨大不确定性，如何让孩子在特殊时期扎实走好每一步，成为每一位家长思考的重中之重。

从小生活在加州的 Alex 有一个中国名字"嘉乐"，

＊ 麻省理工学院

《诗经·大雅》篇中言"嘉乐君子，宪宪令德"，名字当中还蕴藏了爸爸和妈妈的姓氏。2019 年，嘉乐的父亲工作发生变动，家人认为这是一个难得的机会——让他回国读书，学好中文的同时，接受中国文化的熏陶。彼时，嘉乐十四岁，对中文的使用仅限于家庭日常沟通。对他而言，在中国生活与学习将是一项全新的挑战。

从起点到转折

当你面临一次人生中非常重要的"面试",你会如何向对方介绍自己?是讲述自己的竞赛荣誉、科研成果、公益经历,还是分享奋斗的过程、坚韧的品质、迎难而上的精神?

嘉乐的申请文书,选择从独特的个人经历展开。主文书讲述了在密歇根州出生、在加州长大的嘉乐,遇上跟随外公外婆在中国长大、不会说英文的弟弟,兄弟二人如何一步步建立深厚情谊的过程。两种语言及背后蕴藏的美式思维与中国文化,在交流与磨合中逐渐清晰,成为他研究语言学的起点。

嘉乐十四岁时,父亲工作变动,需要从加州回到上海,并希望嘉乐回国读高中。嘉乐坦言:"我和家人讲中文,其他时候都说英文。知道这一消息时,内心非常担忧。"

恰恰是儿子对中国与中华文化的陌生,让父母决定趁着这次机会,让嘉乐回国内读书,扎根中国,感受中华文化。2019年秋,经过一天的笔试、面试,嘉乐获得上海中学国际部的录取名额,正式转入上海中学国际部。

九年级寒假期间,新冠肺炎疫情突如其来,全国陷入防疫、抗疫的紧张氛围中。新学期的计划被彻底打乱,嘉乐的学习同样受到极大影响。

彼时，谁也不知道疫情会持续多久，学校能不能准时开学，学生原定的课程如何安排，以什么形式上课，以及重要的标准化考试怎么进行，原定考点还能按时开放吗……无数问题横亘在家长心中，让他们陷入紧张、焦灼、迷茫的旋涡中。

从决定回国读书，到被上海中学国际部录取，再到遭遇突如其来的疫情，嘉乐申请与成长之路，并不是一帆风顺的。

知也无涯，吾将上下而求索

嘉乐从小接受美式教育，回国后遭遇的第一个难题是课程的选择。此时上海中学国际部高中阶段最完善的国际课程是IB课程，该课程以难度大著称，适合写作功底好、好奇心强、自主能力强大的学生。原本计划读AP课程的嘉乐，基于学校课程体系的现实情况和个人对IB课程的了解，开始学习IB课程。

在谈及学以致用时，嘉乐用两句话概括了他在高中阶段的科研，一句是"热爱可抵岁月漫长"，另一句是"用自己的兴趣与产出服务需要的人"。

九年级下，嘉乐开启高中阶段第一次研究导向型学习。这是一项基于软硬件结合，致力于排除图像、光照等多项干扰因素,协助手势识别与翻译的语言计算类交叉项目,拟运用在聋哑人日常沟通场景中,帮助他们减少交流障碍,让沟通更顺畅。

选择该研究方向,缘于嘉乐参加的聋哑人关爱活动——在医院为聋哑人提供导医服务的过程中,嘉乐发现了很多他们在就医沟通过程中遇到的困难,萌生了用自己所学,为聋哑人就医及其他沟通场景提供助力的想法。

曾下功夫学习的机器人编程技术,为项目提供了相应的技术支持。嘉乐一头扎进去,深入钻研了九个月,虽有学术及实际的产出,却因技术瓶颈限制与缺乏大量数据支持,没能达到预期效果。

这次科研让嘉乐首次体会到,用所学创造价值,尝试为需要帮助的人解决难题的满足感,同时,也让他看到自身能力与思考的不足之处,勤勉补之。

其间,嘉乐从上海中学国际部转入上海闵行汇点美高国际学校,此时距离申请季,仅剩一个学期。

谈及转学的原因,嘉乐客观道:"首先,上海汇点是由美国蓝带加州汇点高中与上海市民办文绮中学联合创办,沿用本部的教学大纲及教材,学习体验与美高一致;其次,汇点的 AP 课程极其丰富,是美国大学理事会正式授权的'AP'学校,重点是开设了'语言学概论'

课程，契合自己的研究方向；再次，汇点的社团活动也很丰富，每周都安排了充足的时间，让学员自行探索感兴趣的领域，时间、场地、设备和专业人员的支持也很到位；最后，也是最重要的一点，汇点徐校长的专业也是语言学，能在学术与科研上，给予我更加专业的引导与支持。"

转学后，嘉乐在有限的时间内完成了斯坦福大学与北京语言大学的两次科研。

斯坦福大学的科研机会来之不易。嘉乐通过了两位斯坦福大学博士后加一位麻省理工学院博士后的面试，才争取到这一宝贵机会。紧接着，嘉乐在多个课题中，选择了自己有浓厚兴趣的那一项。从选题到开题，再到实际调研，用普通最小二乘回归分析，产出研究性成果，研究整整持续了六个月。这是一场真正的学术研究，从开题到结项，教授们用对待斯坦福研究生的标准要求嘉乐。

收获满满的嘉乐分享道："经过斯坦福大学的科研项目，我不仅深入学习了语言学方面的专业知识，还细致全面地了解了学术研究的标准流程，对之后的科研产生了重要影响。"

嘉乐的第三次语言学专业探究，时间在 2022 年盛夏。在北京语言大学计算机领域教授的带领下，嘉乐的第三段科研由易到难，进行了基础理论知识、实操研究、编程语言的学习，收获了珍贵的科研经验。

庄子云："吾生也有涯，而知也无涯。"三段科研外，嘉乐还参加了北美计算语言学奥林匹克竞赛（NACLO）、美国信息学奥林匹克竞赛（USACO）、美国计算机科学联赛（ACSL）、美国未来商业领袖竞赛（FBLA）等。嘉乐本就对这方面感兴趣，搭配庞大的专业知识储备，取得不俗成绩自然水到渠成。

用创新与关怀帮助他人

2021年12月，嘉乐申请创业俱乐部夏令营（Launch-X）并被录取。该项目早期由麻省理工学院主办，现又加入了西北大学、宾夕法尼亚大学、密歇根大学等高校，是一个以科技和工程为基础，又与创业密切相关的夏校项目。

2022年的LaunchX夏校，出于疫情原因，调整为线上开展。嘉乐与另外三位小组成员决定在"科技助老"领域展开市场调研，挖掘用户需求，进行商业可行性分析，提出商业解决方案。深入调研后，小组聚焦"老年人被网络诈骗"这一现象及社会问题，撰写出系统性解决这一难题的商业计划书，并自主开发了一款"预防老年人被网络诈骗"的App，帮助青年人提高家中老人的网络安全意识与网络防护能力，避免本不应发生的财产损失。

在为期五周的夏令营中，嘉乐与团队伙伴发现问题，运用所学解决问题，将研究转化为商业产出。他们不仅接受了来自权威导师的指导，还学习了创业相关知识，对"技术＋商业"这一用创造影响世界的领域产生浓厚兴趣。

面对特殊时期的申请季，嘉乐的母亲坦言："这是高中阶段压力最大的时候。"

大约在 2022 年底，新冠肺炎疫情扩散，约 85% 的人在第一批感染中"阳"了。此时学校关闭，学生居家上网课，嘉乐的常规申请提交正处于关键时刻，家长和嘉乐非常担心在这个时间点感染，每天承受着巨大的压力。

幸运的是，申请一切顺利。

更棒的是，2023年3月14日，一封来自麻省理工学院的录取邮件，出现在嘉乐的电子邮箱里。

嘉乐的无限热爱、持之以恒、勇于挑战与2023年QS世界大学排名第一的麻省理工学院实现双向奔赴。

热爱可抵岁月漫长

世界上有五千多种语言，九大语系。无论是六种国际通用语言、独特的手势语，还是以字符和语法规则组成的计算机编程语言……全部是嘉乐的兴趣所在。如今，嘉乐已在麻省理工学院就读，从事语言学与计算机科学的交叉学习。这里也是钱学森、贝聿铭、理查德·费曼的母校。

从加州回到上海，浸润中国文化；再从上海去往麻省理工学院，开展专业学习。嘉乐一路走来，由弟弟启发的语言学兴趣，在父亲母亲、国际学校的滋养下，茁壮成长。

关于未来，嘉乐坦言："目前，我还在打基础阶段，学校课程也以基础课为主。接下来预备在人工智能与语言学理论研究两个方面深入，尤其是汉语语言学的研究与汉语人工智能的研究，期望未来用自己的研究帮助更多的人。"

✻ 参加 MIT delta v

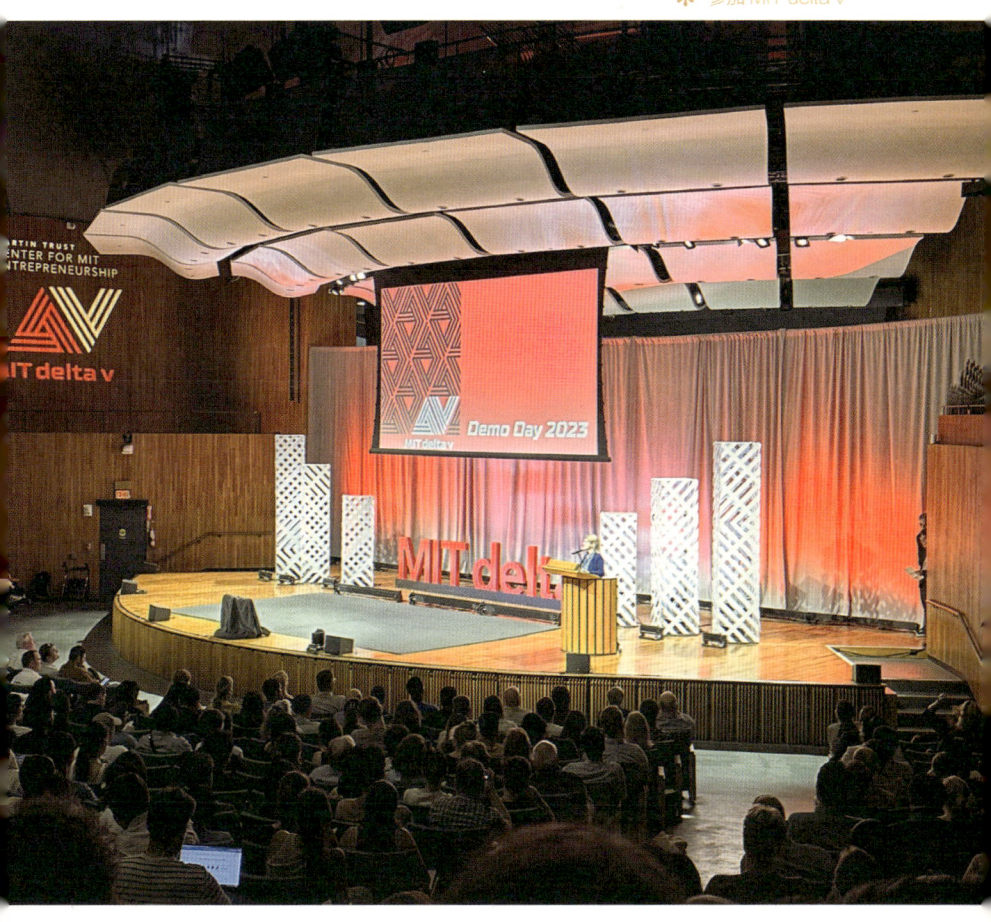

康修仪（化名）

心之所向，行之所往

牛津大学

以兴趣为师，
以毅力为友，
用前沿科技为古汉语的
深入研究持续赋能。

2024

从小就读于公立学校的康修仪，在父母开阔前瞻的视野和勇于尝试的支持下，十一年级时接触到国际教育。经过全面慎重的思考，父母决定让修仪在高考之外，多一项选择，多一种可能。凭借多年的语言兴趣与天赋，叠加自律、勤勉与研究精神，修仪的国际教育之路，从这里开始。

恰同学少年

"试考虑最基本的 X-bar 框架。如果以 CC 定义，显然 Spec 不被 head CC，head 不构成 intervention，因此 Spec 可被 externally governed；反之……"上述分享，是十一年级的修仪在知乎平台分享的《浅谈 c-command 和 m-command》局部一览。此时，他正在浙江宁波一所公立高中就读，平日最爱阅读语言学方面的原版书籍。

恰巧母亲好友的孩子通过国际教育路线，被康奈尔大学录取。身边真实的案例让修仪的父母亲意识到，孩子的培养之路，可以通过国际教育途径，将选择范围扩展至全球优质院校。秉持着"给孩子多一个选择"的想法，母亲与修仪进行了深入沟通。从小翻阅《牛津词典》长大，熟练掌握英语、日语、法语、藏语等多种语言的修仪，开始自学 AP 课程。

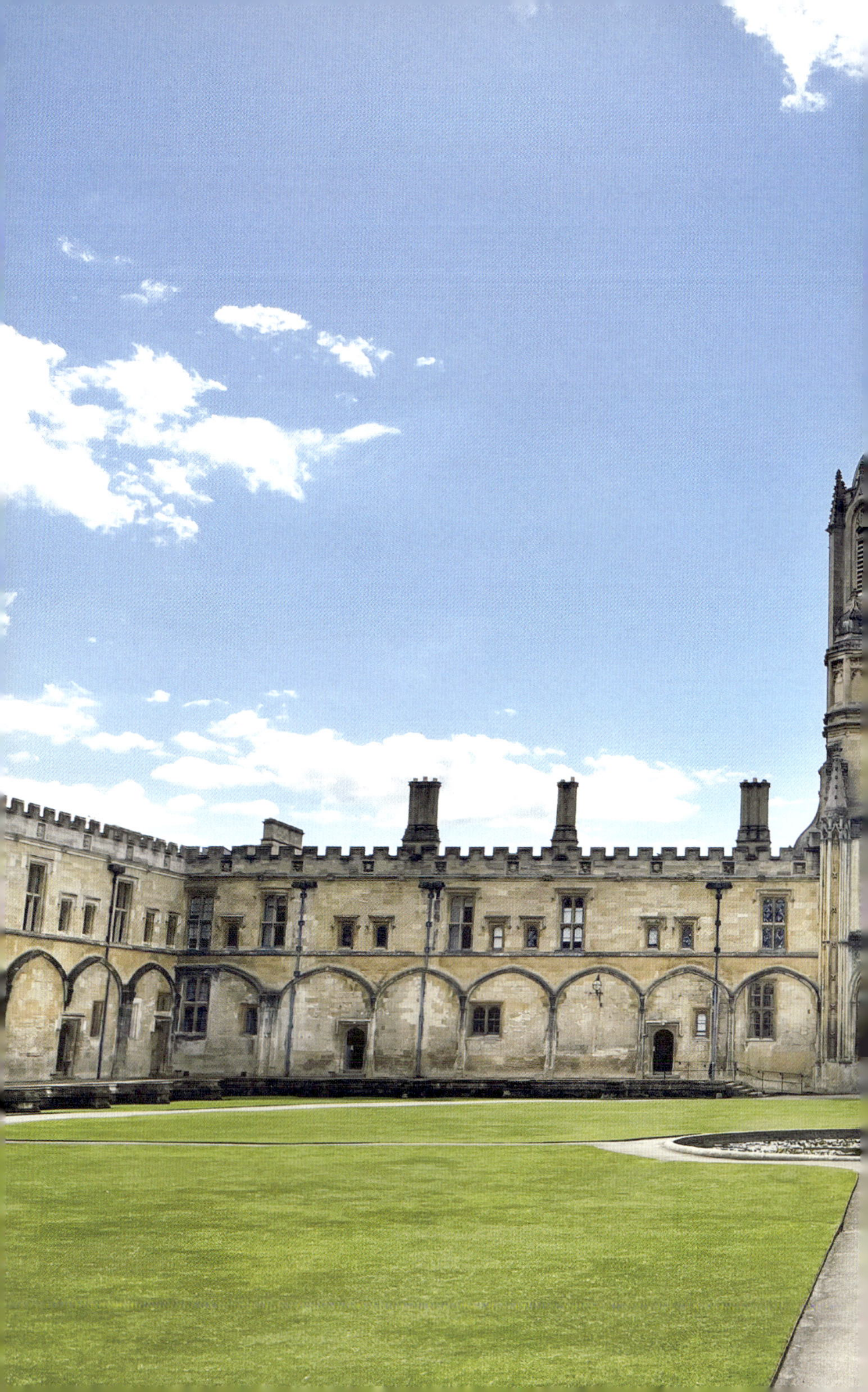

✱ 牛津大学

在学好学校课程与 AP 课程之外，对留学申请及准备工作知之较少的修仪和父母，决定寻找专业的人助力。而有针对性的申请准备，首先需要全面了解修仪的成绩、能力、特长、爱好，以及成长过程中独特的经历。在沟通的过程中，王老师通过一件件生动有趣的小事，逐渐了解到，语言学在修仪成长的过程中，扮演着师长、玩伴与治愈的角色。同时，对修仪来说，它又像一座学之不尽、阅之不竭的巨大宝库，等待着他去发现、探索、挖掘与雕琢。

略显腼腆的修仪从初中起，便利用课余时间，自学了日语、法语、俄语、藏语、拉丁语等多门语言。其中，日语已考过 N1，可以无障碍阅读原版日语书籍；法语的听说读写也十分顺畅。

学习新内容时，修仪经常会想，"为什么这个单词是这样拼写的？""为什么那个单词是那样发音的？"修仪深信，单词的语音和语义背后，一定有更深层次的原因。于是，他选择自己去寻找答案。

通过钻研知道答案后，修仪还趁机在学校里组织了一场"学语言：还要知其所以然"的分享。精读数十本原版语言学书籍，在语言学学习道路上走过漫漫长路的修仪，将自己辛苦淘来的"金子"，用妙趣横生、干货满满的讲座，毫无保留地分享给同学们。

当被问及"为什么对语言学产生兴趣",修仪沉默片刻,用清朗的嗓音讲了一个"'不完美小孩儿'与他的'完美乌托邦'"的故事。

不完美小孩儿的完美世界

"阿卡迪亚,一个我用想象力创造的完美世界,正如托马斯·莫尔的乌托邦,抑或柏拉图的理想国。当我设想它的时候,这里的建筑将融合古代与现代,东方与西方。犹如唐朝大慈恩寺与雅典卫城帕特农神庙的建筑,将与日本新干线这样的子弹头列车交织联结,组成庞大、美丽、现代而多元的阿卡迪亚。这里的'人们'接受博雅教育,成年后过着'采菊东篱下,悠然见南山'般田园诗意的生活,他们关心并尊重一切。阿卡迪亚将是这个星球上存在过的所有文明的结晶(除去它们的缺陷)。"

这是修仪从小学四年级开始,用想象力创造出来的世界。一开始,这里只有灰蒙蒙、雾沉沉的天空与高大坚固的城墙。修仪那被完美主义影响的父亲,无休止地追求把他塑造成理想中的儿子,父亲这虚幻、令人窒息的期望,让修仪开始想象自己的乌托邦。

阿卡迪亚成为修仪安慰和保护自己的"精神堡垒"。

后来,阿卡迪亚的世界多了美观多元的建筑、便捷酷炫的交通、科学协调的城市规划与道德水平极高的生灵，世界被极大地丰富起来。

为了让阿卡迪亚的"生灵"能够优雅、自信地沟通，修仪计划为这个世界创造一门语言，包含全新的词汇、语义与语法。为了实现这一目标，修仪阅读了大量关于这个领域的书籍，参加了在线课程学习，研究了日耳曼语和罗曼语的语法，借鉴了日语的发音，最终形成了一个复杂的语法系统，修仪将其命名为"Murastore（木语）"。阿卡迪亚的公民们可以自由地交流了。

"在让阿卡迪亚的世界变得更美好的过程中，我发现了语言的奥妙与乐趣。徜徉在不同语言的优雅发音、词汇奥义、历史变迁中，沉迷于悠久、繁复、灵动、调皮、暗藏奥义的语言世界，我忘了时间、忘记自己身在何处，也弥合了现实世界里的烦恼与困扰。"

从幻想世界生发出的兴趣，不仅让修仪在语言学探索的道路上，越走越远，越走越广，也逐渐形成了他申请英国 G5 院校与美国藤校的独特优势。

从孤独到共建

拥有突出特质的修仪，筹备申请之路却并未一帆风顺。

首先，修仪就读于一所公办高中。从入学的第一天起，接受的便是五育并举、全面发展的中式教育。该校

* 拉德克里夫图书馆

没有英美名校录取先例，国外高校并不了解修仪所在学校的课程设置、教学特色、社团活动，以及培养怎样的学生。它们及兄弟院校没有接收过哪怕一名来自这里的学生。这在一定程度上代表了普通公办学校高中生，在申请海外名校的道路上，在学校背书、国际化教育适应性等方面，会被打上一个问号。

深入沟通后，王老师结合修仪的兴趣所在、能力水平与个人意愿，为中途踏入国际教育领域的修仪及家长，提供了十分细致、专业、全面的讲解，双方一起选校、定校。

为增加被目标院校录取的概率，王老师根据院校录取要求与偏好，建议修仪参加与他申请方向匹配度极高的哈佛大学暑期历史语言学夏校，同伦敦大学学院教授一起探索语音学与音韵学的科研项目，以及一项"教柬埔寨小朋友学中文"的公益志愿者活动。

修仪在哈佛大学夏校期间，结识了一群来自世界各地的对历史语言学抱有浓厚兴趣的高中生和本科生。众人在哈佛大学 Rau 教授的指导下，研究语言演变的历史背景与变化机制，深入剖析了语言的内部构造及其规律，分析历史记录的数据集，尝试重建原始语言。夏校之旅，让修仪系统梳理脑海中的语言学知识，尝试运用所学重建中古汉语的音系。

此外，修仪在 2023 年 7 月加入伦敦大学学院语音学和音韵学的研究项目，开启为期八周的科研学习。整个暑假期间，修仪跟着伦敦大学学院教授系统研究英语的音系特征及发展，学习了用实验方法检查说话者的内部音系，撰写并发表了题为"Comparing the Discrimination of /b/-/p/-/pʰ/ among Shanghainese and Mandarin Native Speakers"的语言学论文。

在专业领域探索之余，修仪也尝试用所学帮助有需要的人。他积极加入"教柬埔寨小朋友学中文"的公益活动，为柬埔寨有意向学习中文的小朋友进行双语授课。

每一堂课前，修仪都认真细致地准备课件和讲稿，在有限的课堂时间里尽力做到寓教于乐，循序渐进地带领柬埔寨小朋友学习汉字的发音、拼写、字词与句式。同时，修仪还穿插分享了独具中国特色的美食、节日、文化活动、神话故事等，给柬埔寨小朋友的心中，种下一颗"美丽中国"的种子。

其次，申请国外高校需要出色的国际课程成绩，一般以 AP 课程、IB 课程、A-level 课程为主。整个申请季，修仪不仅稳扎稳打，出色地完成了校内课程，将成绩保持在年级前 10%；还自学 AP 课程，去香港参加考试，顺利取得四门 5 分、一门 4 分的优异成绩。

再次，在早申阶段，修仪对康奈尔大学的语言学领域——古汉语与古日语方向的研究很感兴趣，将其作为第一选择。于是，修仪、家长与王老师在 ED1 阶段，选择了康奈尔大学。遗憾的是，最终收到学校延迟考虑的邮件。

正当修仪陷入沮丧情绪，牛津大学的面试邀请邮件翩然而至，给修仪与妈妈带来了新的希望。虽然在面试前两天，修仪突然发起高烧。但幸运的是，面试那天，烧退了，修仪与面试的牛津教授聊得非常顺利。

※ 校园一角

2024 年 1 月，修仪被牛津大学赫特福德学院语言学专业录取。

少年时，阅读全英文校刊却"大半读不懂"的修仪，用整个初中将《牛津词典》从头翻到尾，将每一个单词都烂熟于心；课余时间，以兴趣为师，以毅力为友，学完九本日语书籍，将日语融会贯通。合上书的那一刻，整个人只觉恍如隔世；高中时，因自己桌上的语言学书籍被物理老师注意到，进而发现老师也对语言学感兴趣，为此高兴了许久；如今，在牛津大学开学前，也在最后的中学时光里，修仪埋首多部原版典籍中，重点研究古日语。

未来，修仪梦想成为一名像赵元任与 Bjarke Frellesvig 一样的语言学家，养成独立学习和研究的能力，探索当代汉语句法领域的一些研究空白；同时与时俱进，加强计算机语言方向的学习，为"Murastore"世界创造更加宏伟而广博的语法与词汇，用前沿科技为古汉语的深入研究持续赋能。

如今，阿卡迪亚的公民们传唱着一首名叫《绣球花》的民歌。在世界的新纪元里，新的教育政策刚刚落地。

附 录

中国留学行业政策演变

留学是学习先进知识、培养国际化视野、理解国际规则的主要方式,是我国培养国际化高质量人才的重要渠道。一直以来,我国政府根据国家发展要求、国际教育发展趋势,对留学活动进行服务、控制和调节,并形成制度性规定。

中华人民共和国成立到改革开放初期,我国主要通过公派出国留学的方式为国家建设培养优质的科技人才,彼时自费留学通道尚未开放。1978年,邓小平同志讲"要成千成万地派",确定了我国留学政策的基础。为落实邓小平同志提出的关于扩大留学生派遣数量的重要指示,我国确立了"保证质量、广开渠道、力争多派"的总方针。

为积极贯彻对外开放政策,我国做出开放自费出国留学通道的决定。1984年,国务院颁布了《国务院关于自费出国留学的暂行规定》，指出"自费出国留学是培养人才的一条渠道"。这一时期，出国留学的人数大量增长，留学工作逐渐形成了以国家公派为主导、以自费留学为主体的格局。随着出国留学人数的激增，留学规模的扩大，我国的留学市场出现了"留学人员滞留不归"的现象。据统计，1978年至1984年6月，我国公派出国人数26000余人，自费留学人数7000余人，然而同期国家公派留学者归国人数仅有8000多人，自费留学归国者更是少数。

为解决人才流失的问题，我国先后出台一系列政策与计划，吸引大批优秀留学人员回国服务。1993年，政府工作报告中首次明确"支持留学，鼓励回国，来去自由"的重要留学政策；1996年，教育部正式设立"春晖计划"，鼓励和引导广大在外留学人员回国工作或以多种形式为国服务；2001年，《关于鼓励海外留学人员以多种形式为国服务的若干意见》颁布，明确提出要在知识产权保护、经费支持、就业创业服务、子女教育等方面为留学归国人员提供保障。

随着我国经济社会的发展以及全球化趋势的深入，国际教育的目的逐渐多元化、个性化，但是培养具有国际视野的国际化人才的终极目标并未动摇，我国国际教育事业也逐渐进入提升与完善期。2010年，《国家中长期教育改革和发展规划纲要（2010—2020年）》提出，"国际化人才要具有国际视野、通晓国际规则、能够参与国际事务和国际竞争"。在2013年10月欧美同学会成立100周年庆祝大会上，习近平总书记明确提出"支持留学、鼓励回国、来去自由、发挥作用"的新时期留学工作方针。2016年2月，中共中央办公厅、国务院办公厅正式印发《关于做好新时期教育对外开放工作的若干意见》，这是中华人民共和国成立以来第一份全面指导我国教育对外开放事业发展的纲领性文件，明确要"加快留学事业发展，提高留学教育质量。通过完善'选、派、管、回、用'工作机制，规范留学服务市场，完善全链条留学人员管理服务体系，优化出国留学服务"。

面对当今世界多元文化的激烈碰撞，留学人员也逐渐成为人文交流的重要窗口。2017年印发的《关于加强和改进中外人文交流工作的若干意见》和2022年印发的《"十四五"文化发展规划》，都对留学人员参与人文交流活动、构建人文共同体提出了要求。

在现在和未来的一段时间里，我国的国际教育政策处于提升期与完善期，将继续围绕出国留学管理与服务，加强对自费留学生的服务、管理和资助，持续健全优化留学生归国就业创业等方面的保障机制。在2023年7月14日国务院政策例行吹风会上，教育部国际合作与交流司负责人也表示,党和国家高度重视并时刻牵挂着留学人员的健康和安全,教育部近年来主动适应国内外留学服务工作新形势,努力构建覆盖"出国前、在国外、回国后"的全链条管理服务体系。

通过国际教育渠道培养国际化人才,是强国建设的重要之道。相信在相关政策的完善下,我国的国际教育事业发展也将行稳致远。

中国留学事业发展变迁

留学群体：人群规模持续扩增

改革开放以来，我国实行支持留学政策，自费留学逐渐放开。据教育部官网公布，1978—1989年，我国各类留学人员累计为96101人，自费留学人员增长至23.59%；1978—2019年，我国各类出国留学人员累计达656.06万人，其中165.62万人正在国外进行相关阶段的学习或研究，490.44万人已完成学业，423.17万人在完成学业后选择回国发展，占已完成学业群体的86.28%；受全球疫情影响的2020—2022年，全球化智库发布的《中国留学发展报告蓝皮书（2023—2024）》显示，留学人数有较大波动后，持续稳步回升。

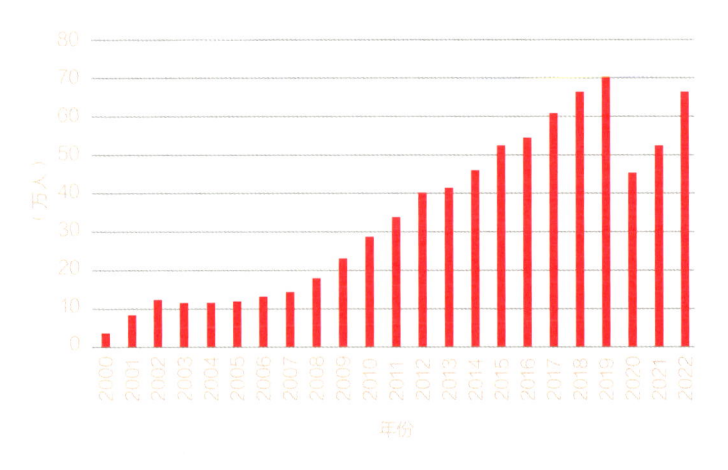

2000—2022 年中国当年出国留学人员数量变化

资料来源：《中国留学发展报告蓝皮书（2023—2024）》

数据显示，出国留学人群规模持续扩增，从"少数派"迅速跨入"大众化"。目前，我国是全球重要的留学生生源国，留学目的地遍及全球 100 多个国家和地区。

留学目的国：选择更趋多元

一直以来，国际政治局势、各国留学政策与院校专业学术实力是中国留学人员选择留学目的国的重要影响因素。当前，各国间的教育文化交流走上新的台阶，绝大多数国家正以更开放的姿态迎接留学生。与此同时，地缘政治、经济贸易与有关政策使得当前世界形势充满了不确定性，对我国留学人员留学目的国的选择产生影响，选择更趋多元，越来越多的家庭将亚洲留学纳入选择范围。

根据联合国教科文组织（UNESCO）最新数据，中国学生前五个留学目的地分别为美国（占比28.92%）、英国（占比14.27%）、澳大利亚（占比9.15%）、加拿大（占比7.81%）、韩国（占比5.81%），这五个国家的中国留学生占中国海外留学生总数的65.96%。

与此同时，随着国际形势变化与"一带一路"建设的推进，除英美等传统留学目的国外，日本、新加坡、韩国等新兴留学目的国的教育质量不断提升，就业形势不断好转，加上其费用较低、录取率高、距离近、安全度高等优势，使得国内不少有留学意向的学生将其纳入选择范围。

留学专业：随时代发展逐步变换

随着时代发展变化，中国学子的留学选择也在不断发生变化。无数留学人员回顾自身成长经历，认为："青年人的选择，不仅是个体的自由意志，也是时代为我们铺垫的选择。"

自1999年开始，中国进入基础工业扩张阶段，开启第二轮重化工业化。2001年，中国加入世界贸易组织。这对中国产生了全面、深入、持久的影响。紧随时代号召的学子们对英语、工业制造、对外贸易、金融等专业的热情渐起。

2009年，移动互联网兴起。2010年，中国超越日本，成为世界第二大经济体；制造业产出全球占比超过美国，成为"制造第一大国"。中国学子的留学专业紧跟时代浪潮，重点集中在商业管理、工程、自然/生命科学、计算机科学等专业领域。

受"中国智造""一带一路"倡议与中国互联网第三次浪潮影响，到2020年左右，受留学生欢迎的专业排名变换为数学/计算机科学、工程、商科、社会科学、自然/生命科学、艺术等专业，STEM领域专业成为主流。以美国《2023年门户开放报告》为例，国际生选择最多的专业是数学与计算机类（240230人）、工程类（202801人）、商业与管理类（157281人）和社会科学（85998人）。同时，小语种专业逐渐兴起。

服务机构：持续创新，服务留学学子

中国学子的留学之路，从早期的专业深造发展为获取全世界优质教育资源，成长为具有国际视野、通晓国际规则、参与国际事务与国际竞争的国际化人才。与之关系密切的留学服务领域，随着市场需求发展出诸多类型。今天，我们依据服务机构的发展特点与服务方式，将其分为传统留学机构、国际教育服务机构、留学专业工作室三大类。

三大类型的服务机构在不同时期有着不同的特点与服务侧重点。随着市场的不断扩展，媒体迭代带来信息时效与传播方式的转变，不同类型的服务机构虽然存在诸多差异，但是都将深入挖掘自身的独特优势，展开差异化发展模式，在各自的教育细分领域深耕，全力为我国高层次国际化人才培养提供重要支持。

综上，作为我国高层次国际化人才培养的重要渠道，中国留学事业历经时代之变、世界之变、技术之变，逐步发展为如今的体量规模。我们相信，它将在新的历史时期发挥开放、交流、共建优势，肩负时代使命与国家使命，为国家科学、技术、工程、数学等领域发展持续培养大批高层次国际化综合人才、拔尖创新研究型专业人才……为推动创新驱动发展战略和中国发展建设贡献力量。

国际教育相关名词注释
（本章节信息援引自百科及相关官网）

三大国际课程

● **A-Level 课程**

英国高中课程，即英国学生的大学入学考试课程。由 CIE（剑桥大学国际考试）、OCR（牛津、剑桥和 RSA 考试局）、AQA（英国资格评估与认证联合会）与 Edexcel（英国爱德思）等共同设计并组织。

● **AP 课程**

美国大学先修课程，由美国大学理事会设立并运营，面向高中生提供的 2—3 年学制的大学级别的课程和测试。

● **IB 课程**

国际预科证书课程，是由国际文凭组织为全球学生开设的从幼儿园至大学预科的课程，主要分为 PYP（幼儿园、小学，3—12岁）、5年学制的 MYP（初中，11—16岁）、2年学制的 IBDP（大学预科国际文凭课程，16—19岁）与 IBCP（职业相关课程，16—19岁）四个阶段。

美国本科录取阶段一览

● REA（Restrictive Early Action）

有排他性但无捆绑性的提前申请。在提前申请阶段的学生，只能申请一所学校，录取后可自由选择是否前往就读。选择 REA 的学生，不能同时进行其他任何的提前申请。

● ED（Early Decision）

具有约束力的提前录取。在所有实行 ED 政策的大学中同期只能选择一所，且一旦被录取，必须就读。

● EA（Early Action）

不具有约束力的提前录取。可选择多所大学申请，要求被录取学生在5月前答复是否就读。

● RD（Regular Decision）

常规录取。美国大学本科录取中的一种方式，通常从11月或12月开始，申请者可以选择多所学校，并提交多份申请，录取后，可自行决定是否就读。

● RA（Rolling Admission）

滚动录取。在学校原定招生目标未满的情况下，继续接受申请。实行先到先审制度，直到招满为止。

国际学生标准化考试

● GPA（Grade Point Average）

平均学分绩点，多数大学用以评估学生成绩的一种制度。

● SAT（Scholastic Assessment Test）

美国高中毕业生学术能力水平考试。由美国大学理事会（College Board）主办的一项标准化的、以笔试形式进行的高中毕业生学术能力水平考试。其成绩是世界各国高中毕业生申请美国高等教育院校入学资格及奖学金的重要学术能力参考指标。

● SSAT（Secondary School Admission Test）

美国中学入学考试。创建于1957年，是由位于美国新泽西州普林斯顿市的中学入学考试委员会SSATB（Secondary School Admission Test Board）命题的考试。

● ACT（American College Test）

美国大学入学考试。既是美国大学本科的入学条件之一，也是奖学金发放的重要依据之一。由美国大学考试中心（ACT, Inc.）主办。

● **GRE**（Graduate Record Examination）

GRE 即美国研究生入学考试，是世界各地的大学各类研究生院要求申请者具备的一项入学考试成绩，也是招生委员会对申请者是否授予奖学金所依据的重要的标准之一。适用于申请世界范围内的理工科、人文社科、商科、法学等多个专业的硕士、博士以及 MBA 等教育项目，由 ETS（Educational Testing Service）主办。

● **GMAT**（Graduate Management Admission Test）

经企管理研究生入学考试，多国高校采用其考试成绩来评估申请入学者是否适合商业、经济和管理等专业的研究生阶段学习。由美国经企管理专业研究生入学考试委员会（GMAC）委托新泽西州普林斯顿市的美国考试中心（ETS）主办，在我国的举办单位是中国国外考试协调处（CIECB）。

国际教育服务系统

● **UCAS**（University and College Admissions Services）

英国大学和学院招生服务中心，宗旨是助力与激励人们做出关于高等教育和学习的理想选择。该平台统一为英国所有大学和学院提供招生服务。与其他国家多平台申请机制不同，英国大学的本科申请，均需要在 UCAS 平台进行。

语言考试

● IELTS（International English Language Testing System）

雅思考试是著名的国际性英语标准化水平测试之一。1989 年设立，由英国文化教育协会、剑桥大学考试委员会和澳大利亚教育国际开发署（IDP）共同管理。广泛应用于高等教育及移民的英语语言水平测试，被包括英国、美国、加拿大、澳大利亚及欧洲、东南亚等新兴留学目的地在内的 140 多个国家和地区，超过 12500 所教育机构、雇主单位、专业协会和政府部门认可。

● TOEFL（Test of English as a Foreign Language）

托福考试是由 ETS 测评研发的学术英语语言测试，通过考查听、说、读、写四项技能以体现参与者在学术语言任务环境下的真实学术语言能力，可用于本科及研究生阶段的院校申请。被全球 200 多个国家及地区超过 13000 所综合性大学、机构和其他学院认可，范围包括美国、英国、加拿大、澳大利亚、新西兰以及整个欧洲和亚洲。

专业 / 学位

● MBA（Master Of Business Administration）

工商管理硕士

- **PhD**（Doctor of Philosophy）

  学术研究型博士学位

签证

- **F1 签证**

  美国签发给全日制在美国读书的学生签证

- **H-1B 签证**（Specialty Occupations/Temporary Worker Visas）

  美国主要的工作签证类别，发放给美国公司雇用的外国籍有专业技能的员工，属于非移民签证的一种。

其他

- **GAP**（Gap Year）

  间隔年，最初是指西方国家的青年在升学前或者毕业后做一次长期的旅行，体验不一样的风土人情与文化氛围，时间通常为一年。现泛指在一段没有学习压力或工作安排的时间内，个体采用自己喜爱的放松方式舒展身心，通过思考与沉淀，更好地规划未来。

- **OPT**（Optional Practical Training）

  美国 F1 签证学生毕业后的实习期，从学生身份到工作身份的过渡阶段。

图书在版编目（CIP）数据

青年的回响：二十二位留学生的责任担当 / 王敬编著. -- 北京：东方出版社，2025.1.
ISBN 978-7-5207-4052-4

Ⅰ．K828.4

中国国家版本馆 CIP 数据核字第 2024LF2107 号

青年的回响：二十二位留学生的责任担当
（QINGNIAN DE HUIXIANG：ERSHIER WEI LIUXUESHENG DE ZEREN DANDANG）

作　　者：	王　敬
责任编辑：	赵　琳　王小语
产品经理：	赵　琳
出　　版：	东方出版社
发　　行：	人民东方出版传媒有限公司
地　　址：	北京市东城区朝阳门内大街 166 号
邮　　编：	100010
印　　刷：	鸿博昊天科技有限公司
版　　次：	2025 年 1 月第 1 版
印　　次：	2025 年 1 月第 1 次印刷
印　　数：	1—14000 册
开　　本：	880 毫米 ×1230 毫米　1/32
印　　张：	9
字　　数：	145 千字
书　　号：	ISBN 978-7-5207-4052-4
定　　价：	69.00 元
发行电话：	（010）85924663　85924644　85924641

版权所有，违者必究

如有印装质量问题，我社负责调换，请拨打电话：（010）85924602　85924603